Uživanje v Počasnem Kuhanju

Okusi, ki Vas Bodo Očarali

Ana Novak

Povzetek

Piščanec s testeninami, počasni kuhalnik 22

SESTAVINE 22

PRIPRAVA 23

Piščanec s čebulo 24

SESTAVINE 24

PRIPRAVA 24

Piščančji cmoki s peteršiljem 25

SESTAVINE 25

PRIPRAVA 26

Piščanec z mlado čebulo in gobami 27

SESTAVINE 27

PRIPRAVA 28

Piščanec z ananasom 29

SESTAVINE 29

PRIPRAVA 30

Enolončnica s piščancem in rižem 31

SESTAVINE 31

PRIPRAVA 31

Čili piščanec 32

SESTAVINE 32

PRIPRAVA 33

Piščanec in zelenjava na kitajski način 34

SESTAVINE 34

PRIPRAVA 35

Cornish kokoš z rižem 36

SESTAVINE 36

PRIPRAVA 36

Cornish piščanec z omako iz rozin 37

SESTAVINE 37

PRIPRAVA 37

Piščančje prsi Captain Country 39

SESTAVINE 39

PRIPRAVA 40

Podeželski piščanec in gobe 41

SESTAVINE 41

PRIPRAVA 41

Chicken Country Club 42

SESTAVINE 42

PRIPRAVA 43

Piščanec z borovnicami 44

SESTAVINE 44

PRIPRAVA 44

Borovničev piščanec II 45

SESTAVINE 45

PRIPRAVA 46

Piščanec s kremnim sirom 47

SESTAVINE 47

PRIPRAVA 47

Krema iz piščanca in artičok 49

SESTAVINE 49

PRIPRAVA 49

Italijanska piščančja krema 51

SESTAVINE 51

PRIPRAVA 52

Piščančja kreolka 53

SESTAVINE 53

PRIPRAVA 54

Kreolski piščanec s klobaso 55

SESTAVINE 55

PRIPRAVA 56

Lončeni piščanec in artičoke 57

SESTAVINE 57

PRIPRAVA 58

Ocvrt piščanec in začimbe 59

SESTAVINE 59

PRIPRAVA 60

Vroče piščančje enčilade v glinenih lončkih 61

SESTAVINE 61

PRIPRAVA 61

Piščančja enčilada v skledi 63

SESTAVINE 63

PRIPRAVA 63

Piščanec v loncu s tortiljami 64

SESTAVINE 64

PRIPRAVA 64

Crockpot cassoulet 66

SESTAVINE 66

PRIPRAVA 66

Piščančji in zeliščni cmoki 68

SESTAVINE 68

PRIPRAVA 69

Piščanec na žaru 70

SESTAVINE 70

PRIPRAVA 71

Piščanec na žaru 72

SESTAVINE 72

PRIPRAVA 72

Chicken Crockpot Chili 73

SESTAVINE 73

PRIPRAVA 74

Crockpot Chicken Chow Mein 75

SESTAVINE 75

PRIPRAVA 76

Crockpot Chicken Cordon Bleu 77

SESTAVINE 77

PRIPRAVA 77

Crockpot Chicken Cordon Bleu II 78

SESTAVINE 78

PRIPRAVA 79

Crockpot piščančja bedra 80

SESTAVINE 80

PRIPRAVA 80

10. Različice 81

Recept za piščančji frikasee v lončku 82

SESTAVINE 82

PRIPRAVA 83

Crockpot Chicken Reuben enolončnica 84

SESTAVINE 84

PRIPRAVA 85

Piščančja enolončnica z artičokami 86

SESTAVINE 86

PRIPRAVA 87

Crockpot piščanec z dijonsko gorčico 88

SESTAVINE 88

PRIPRAVA 88

Piščančja enolončnica z rižem 89

SESTAVINE 89

PRIPRAVA 90

Piščančja enolončnica s paradižnikom 91

SESTAVINE 91

PRIPRAVA 91

Crockpot Cola piščanec 92

SESTAVINE 92

PRIPRAVA 92

Crockpot Chicken Creole 93

SESTAVINE 93

PRIPRAVA 94

Pikantna piščančja enolončnica z nadevom 95

SESTAVINE 95

PRIPRAVA 95

Pikantna piščančja enolončnica z nadevom 97

SESTAVINE 97

PRIPRAVA 98

Italijanski crockpot piščanec 99

SESTAVINE 99

PRIPRAVA 100

Lončeni fižol Lima s piščancem 101

SESTAVINE 101

PRIPRAVA 101

Crockpot makaroni in užitek s sirom 102

SESTAVINE 102

PRIPRAVA 102

Prvi piščanec in polnjen lonec 103

SESTAVINE 103

PRIPRAVA 103

Piščančji kralj Diana 105

SESTAVINE 105

PRIPRAVA 105

Piščanec z zelenjavo kopra 106

SESTAVINE 106

PRIPRAVA 106

Ne dajajte sladko-kislega piščanca 107

SESTAVINE 107

PRIPRAVA 108

Piščanec s sirom v počasnem kuhanju 109

SESTAVINE 109

PRIPRAVA 109

Lahki piščančji cacciatore 110

SESTAVINE 110

PRIPRAVA 110

Lahka omaka za testenine s piščancem 111

SESTAVINE 111

PRIPRAVA 112

Navaden piščanec z mandlji 113

SESTAVINE 113

PRIPRAVA 114

Easy Crockpot Cassoulet 115

SESTAVINE 115

PRIPRAVA 116

Easy Crockpot Chicken Santa Fe by Cindy 117

SESTAVINE 117

PRIPRAVA 117

Jeff Easy Fried Chicken with Gravy 118

SESTAVINE 118

PRIPRAVA 118

Ingverjev piščanec z ananasom 119

SESTAVINE 119

PRIPRAVA 119

grški piščanec 120

SESTAVINE 120

PRIPRAVA 120

Havajska palica 121

SESTAVINE 121

PRIPRAVA 121

Začinjen piščanec z zelenjavo 122

SESTAVINE 122

PRIPRAVA 123

Začinjen piščanec z divjim rižem 124

SESTAVINE 124

PRIPRAVA 125

Piščanec z medom in ingverjem 126

SESTAVINE 126

PRIPRAVA 127

Piščanec na žaru z medom in sladkim krompirjem 128

SESTAVINE 128

PRIPRAVA 129

Honey Hoisin piščanec 130

SESTAVINE 130

PRIPRAVA 131

Italijanski piščanec 132

SESTAVINE 132

PRIPRAVA 132

Italijanski piščanec v loncu 133

SESTAVINE 133

PRIPRAVA 134

Italijanski piščanec s špageti, počasen kuhalnik 135

SESTAVINE 135

PRIPRAVA 136

Enostaven piščanec Stroganoff 137

SESTAVINE 137

PRIPRAVA 138

Lilly's Slow Cooker Piščanec s sirovo omako 139

SESTAVINE 139

PRIPRAVA 139

Mehiške piščančje prsi 140

SESTAVINE 140

Izbirne konture 140

PRIPRAVA 141

Pavlov piščanec s porom 142

SESTAVINE 142

PRIPRAVA 142

Omaka za žar 143

PRIPRAVA 143

Sherry piščanec in cmoki 145

SESTAVINE 145

PRIPRAVA 146

Piščanec na žaru v počasnem kuhalniku 147

SESTAVINE 147

PRIPRAVA 147

Piščanec v počasnem kuhanju Dijon 148

SESTAVINE 148

PRIPRAVA 148

Piščanec na žaru v počasnem kuhalniku 149

SESTAVINE 149

PRIPRAVA 149

Piščančja stegna na žaru v počasnem kuhalniku 150

SESTAVINE 150

PRIPRAVA 150

Omaka za testenine s piščančjo klobaso v počasnem kuhanju 152

SESTAVINE 152

PRIPRAVA 152

Piščanec s curryjem v počasnem kuhanju.. 154

SESTAVINE 154

PRIPRAVA 154

Curry piščanec s počasi kuhanim rižem 155

SESTAVINE 155

PRIPRAVA 155

Piščančja enchilada v počasnem kuhanju 156

SESTAVINE 156

PRIPRAVA 157

Počasi kuhan piščančji frikase z zelenjavo 158

SESTAVINE 158

PRIPRAVA 159

Piščanec, ocvrt v počasnem kuhalniku v pikantni omaki 160

SESTAVINE 160

PRIPRAVA 160

Piščanec Madras v počasnem kuhanju s karijem v prahu 161

SESTAVINE 161

PRIPRAVA 161

Počasi kuhan piščanec z gobami 162

SESTAVINE 162

PRIPRAVA 162

Cordon Bleu. počasno kuhanje 164

SESTAVINE 164

PRIPRAVA 164

Piščanec Dijon v počasnem kuhalniku 166

SESTAVINE 166

PRIPRAVA 166

Piščanec z limono v počasnem kuhalniku 168

SESTAVINE 168

PRIPRAVA 169

Počasi kuhan vlečeni piščanec 170

SESTAVINE 170

PRIPRAVA 171

Prekajena klobasa in zelje 172

SESTAVINE 172

PRIPRAVA 173

Španski piščanec z rižem 174

SESTAVINE 174

PRIPRAVA 174

Tami piščančja bedra na žaru 175

SESTAVINE 175

PRIPRAVA 175

Tami's Crockpot Chicken Mozzarella 176

SESTAVINE 176

PRIPRAVA 176

Beli piščančji čili 177

SESTAVINE 177

PRIPRAVA 177

Piščanec in črni fižol v počasnem kuhanju 178

SESTAVINE 178

PRIPRAVA 179

Piščanec in začimbe, počasni kuhalnik 180

SESTAVINE 180

PRIPRAVA 180

Piščanec in gobe, počasen kuhalnik 181

SESTAVINE 181

PRIPRAVA 181

Piščanec in parmezanov riž, počasen kuhalnik 183

SESTAVINE 183

PRIPRAVA 183

Piščanec in kozice 184

SESTAVINE 184

PRIPRAVA 184

Recept za piščanca in nadev 186

SESTAVINE 186

PRIPRAVA 187

Piščančje prsi v kreolsko-kreolski omaki 188

SESTAVINE 188

PRIPRAVA 189

Čili piščanec s hominijem 190

SESTAVINE 190

PRIPRAVA 190

Piščančje veselje 191

SESTAVINE 191

PRIPRAVA 192

Piščančja enchilada v počasnem kuhanju 193

SESTAVINE 193

PRIPRAVA 193

Piščanci iz Las Vegasa 194

SESTAVINE 194

PRIPRAVA 194

Piščanec Paris za počasni kuhalnik 195

SESTAVINE 195

PRIPRAVA 195

Chicken Reuben Casserole Slow Cooker 196

SESTAVINE 196

PRIPRAVA 196

Piščanec z borovnicami 197

SESTAVINE 197

PRIPRAVA 197

Piščanec z omako in omako, počasen kuhalnik 198

SESTAVINE 198

PRIPRAVA 199

Piščanec s testeninami in dimljenim sirom gauda 200

SESTAVINE 200

PRIPRAVA 200

Piščanec s čebulo in gobami, počasen kuhalnik 202

SESTAVINE 202

PRIPRAVA 202

Piščanec z ananasom 203

SESTAVINE 203

PRIPRAVA 204

Captain Country Chicken 205

SESTAVINE 205

PRIPRAVA 205

Podeželski piščanec in gobe 207

SESTAVINE 207

PRIPRAVA 207

str 208

Ollo z borovnicami 209

SESTAVINE 209

PRIPRAVA 210

Italijanska piščančja krema ... 211

SESTAVINE ... 211

PRIPRAVA ... 211

Piščančja lazanja ... 212

SESTAVINE ... 212

PRIPRAVA ... 212

Crockpot Chicken Reuben enolončnica ... 214

SESTAVINE ... 214

PRIPRAVA ... 214

Zmogljiv piščanec Crockpot ... 215

SESTAVINE ... 215

PRIPRAVA ... 215

Piščančja enolončnica z artičokami ... 216

SESTAVINE ... 216

PRIPRAVA ... 217

Piščanec s testeninami, počasni kuhalnik

SESTAVINE

- 2 žlički piščančje juhe v granulirani ali osnovni obliki
- 1 žlica sveže sesekljanega peteršilja
- 3/4 žličke začimb za perutnino
- 1/3 skodelice. na kocke narezana kanadska slanina ali prekajena šunka
- 2 ali 3 korenčki, narezani na tanke rezine
- 2 stebli zelene, na tanke rezine
- 1 majhna čebula, narezana na tanke rezine
- 1/4 skodelice. Voda
- 1 piščanec na žaru (približno 3 kg), narezan na kose
- 1 pločevinka (10 3/4 oz.) kondenzirane juhe s čedarjem
- 1 žlica večnamenske moke
- 1 (16 oz.) kandirane jajčne testenine, kuhane in odcejene
- 2 žlici drobno sesekljanega pimenta
- 2 žlici naribanega parmezana

PRIPRAVA

1. V majhni skledi zmešajte piščančjo juho ali zalogo, sesekljan peteršilj in začimbo za perutnino; daj stran

2. V počasnem kuhalniku razporedite slanino ali kanadsko šunko, korenček, zeleno in čebulo. Dodajte vodo.

3. Piščancu odstranimo kožo in odvečno maščobo; sperite in posušite. Polovico piščanca položite v počasni kuhalnik. Potresemo s polovico prihranjene začimbne mešanice. Preostanek piščanca položimo na vrh in potresemo s preostalo mešanico začimb.

4. Juho in moko zmešamo in prelijemo čez piščanca; ne mešaj.

5. Pokrijte in kuhajte na VISOKI 3 do 3 1/2 ure ali na NIZKE 6 do 8 ur oziroma dokler piščanec ni mehak in ko prerežite vzdolž kosti ne steče sok, zelenjava pa ni mehka.

6. Prenesite vroče testenine v majhno 2-2 1/2 skledo. Na testo položite piščanca. Mešajte mešanico juhe in zelenjave v loncu, dokler se dobro ne povežeta. Piščancu dodamo zelenjavo in malo tekočine. Potresemo s sesekljanim pimentom in parmezanom.

7. Pecite 4-6 cm od vročine 5-8 minut ali dokler rahlo ne porjavi.

8. Po želji okrasite z vejico peteršilja.

9. Recept za peteline je v 4

Piščanec s čebulo

SESTAVINE

- 4 velike rdeče čebule, narezane na tanke rezine
- 5 strokov česna, sesekljanih
- 1/4 skodelice limoninega soka
- 1 čajna žlička soli
- 1/4 čajne žličke kajenskega popra (ali več, če je potrebno)
- 4-6 zamrznjenih piščančjih prsi brez kosti, ne odtajajte
- vroč kuhan riž

PRIPRAVA

1. V lonec dodajte vse sestavine razen riža. Dobro premešamo. Kuhajte na majhnem ognju 4-6 ur oziroma dokler piščanec ni mehak in še vedno mehak.

2. Postrezite z rižem.

Piščančji cmoki s peteršiljem

SESTAVINE

- 4-6 filejev piščančjih prsi brez kože
- 1 ščepec soli, popra, posušenih lističev timijana, mletega majarona in paprike
- 1 velika čebula, narezana in razdeljena
- 2 narezana por
- 4 korenčke, narezane na večje kose
- 1 strok česna, sesekljan
- 1 skodelica piščančje juhe
- 1 žlica koruznega škroba
- 1 pločevinka (10 3/4 oz.) kondenzirane piščančje juhe
- 1/2 kozarca suhega belega vina
- Ravioli
- 1 skodelica Bisquicka
- 8 žlic mleka
- 1 čajna žlička posušenih peteršiljevih kosmičev
- malo soli
- Čili

- paprika v prahu

PRIPRAVA

1. Piščanca potresemo s soljo, poprom, timijanom, majaronom in papriko. Na dno posode položimo polovico čebule, rezine pora in korenja. Po zelenjavi razporedite piščanca. Čez piščanca potresemo sesekljan česen, nato dodamo preostale rezine čebule. Raztopite 1 žlico koruznega škroba v 1 skodelici piščančje juhe, nato vmešajte piščančjo osnovo in vino. Kuhajte na VISOKI približno 3 ure ali na NAZAJHNEM približno 6 ur (če kuhate na NAZAJHNEM, ko dodajate njoke, ga nastavite na VISOK).

2. Piščanec mora biti mehak, vendar ne suh.

3. **Njoki:** Zmešajte 1 skodelico krekerjev, približno 8 žlic mleka, peteršilj, sol, poper in papriko; Oblikujte kroglice in dodajte piščančji mešanici v zadnjih 35-45 minutah kuhanja.

4. Za 4-6 oseb.

Piščanec z mlado čebulo in gobami

SESTAVINE

- 4-6 piščančjih prsi brez kosti, narezanih na 1-palčne kose

- 1 pločevinka (10 3/4 oz) piščančje smetane ali piščančje in gobove juhe

- 8 unč narezanih gob

- 1 vrečka (16 unč) zamrznjene šalotke

- Sol in poper po okusu

- Peteršilj, sesekljan, za okras

PRIPRAVA

1. Piščanca operemo in osušimo. Narežite na 1/2-palčne kose in položite v veliko skledo. Dodajte juho, gobe in čebulo; Zmešajte. Vložek počasnega kuhalnika popršite s pršilom za kuhanje.

2. Dodajte piščančjo mešanico v lonec in jo začinite s soljo in poprom.

3. Pokrijte in kuhajte pri nizki temperaturi 6-8 ur, po možnosti premešajte na polovici.

4. Okrasite s svežim sesekljanim peteršiljem in postrezite s kuhanim kuhanim rižem ali krompirjem.

5. Za 4-6 oseb.

Piščanec z ananasom

SESTAVINE

- 1 do 1 1/2 lb piščančjih kepic, narezanih na 1-palčne kose

- 2/3 skodelice ananasove marmelade

- 1 jušna žlica in 1 čajna žlička teriyaki omake

- 2 tanko narezana stroka česna

- 1 žlica sesekljane suhe čebule (ali 1 šopek sesekljane sveže šalotke)

- 1 žlica limoninega soka

- 1/2 čajne žličke mletega ingverja

- ščepec kajenskega popra po okusu

- 1 paket (10 unč) kandiranega graha, odmrznjenega

PRIPRAVA

1. Kose piščanca položite v počasni štedilnik/štedilnik.

2. Zmešajte marmelado, teriyaki omako, česen, čebulo, limonin sok, ingver in cayenne; Dobro premešamo. Prelijemo čez piščanca in stresemo v plašč.

3. Pokrijte in kuhajte na nizki temperaturi 6-7 ur. V zadnjih 30 minutah dodajte grah.

4. Za 4 osebe.

Enolončnica s piščancem in rižem

SESTAVINE

- 4-6 velikih piščančjih prsi brez kosti in kože
- 1 pločevinka piščančje juhe
- 1 škatla zelene kreme
- 1 pločevinka gobove juhe
- 1/2 skodelice na kocke narezane zelene
- 1 do 1 1/2 skodelice modificiranega riža

PRIPRAVA

1. V počasnem kuhalniku zmešajte 3 pločevinke juhe in riž. Na zmes položimo piščanca, nato dodamo na kocke narezano zeleno. Kuhajte na močnem ognju 3 ure ali na nizkem približno 6-7 ur.

2. 4-6 obrokov.

Čili piščanec

SESTAVINE

- 6 polovic piščančjih prsi brez kosti, narezanih na 1-palčne kose
- 1 skodelica sesekljane čebule
- 1 skodelica sesekljane paprike
- 2 stroka česna
- 2 žlici. rastlinsko olje
- 2 pločevinki dušenih mehiških paradižnikov (približno 15 unč vsaka)
- 1 pločevinka čili fižola
- 2/3 skodelice pekoče omake
- 1 čajna žlička. Čili v prahu
- 1 čajna žlička. kumina
- 1/2 žličke. Sol

PRIPRAVA

1.

Na rastlinskem olju prepražimo piščančje prsi, čebulo, papriko in česen, dokler zelenjava ne porjavi. Dodajte v počasni kuhalnik; Dodajte preostale sestavine. Pokrijte in kuhajte pri nizki temperaturi 4-6 ur. Postrezite z rižem.

2. Za 4-6 oseb.

Piščanec in zelenjava na kitajski način

SESTAVINE

- 1 do 1 1/2 funta piščančjih prsi brez kosti

- 2 skodelici grobo sesekljanega zelja

- 1 srednja čebula, narezana na velike kose

- 1 srednja rdeča paprika, narezana na velike kose

- 1 zavitek Kikkoman piščančjega solatnega preliva

- 1 žlica rdečega vinskega kisa

- 2 čajni žlički medu

- 1 žlica sojine omake

- 1 skodelica mešane zamrznjene orientalske zelenjave

- 2 žlici koruznega škroba

- 1 žlica hladne vode

PRIPRAVA

1. Piščanca narežite na 1 1/2 inčne kose. Dodajte prvih 8 sestavin v počasni kuhalnik; Dobro premešamo. Pokrijte in kuhajte na majhnem ognju 5-7 ur. Zmešajte koruzni škrob in hladno vodo; Dodamo ga k zelenjavi in kuhamo še 30-45 minut, da se zelenjava zmehča.

2. Za 4-6 oseb.

Cornish kokoš z rižem

SESTAVINE

- 2 kokoši divjadi Cornish

- 1/2 skodelice piščančje juhe

- Limona sol in poper po okusu

- vroč kuhan riž

PRIPRAVA

1. Cornish kokoši položite v počasen kuhalnik (če želite, jih najprej prepražite v rahlo naoljeni ponvi). Dodajte piščančjo juho. Piščanca potresemo z limonino soljo in poprom. Kuhajte na NIZKI 7-9 ur. Odstranite piščanca in odcedite maščobo; Sokove zgostite z mešanico 1 1/2 čajne žličke koruznega škroba in 1 žlice hladne vode. Postrežemo ga s kuhanim rižem. Storitve 2.

Cornish piščanec z omako iz rozin

SESTAVINE

- 1 paket (6 oz) nadeva, pripravljen po navodilih
- 4 kokoši Cornish
- Sol poper
- .
- Omaka iz rozin
- 1 kozarec (10 oz) ribezovega želeja
- 1/2 skodelice rozin
- 1/4 skodelice masla
- 1 žlica limoninega soka
- 1/4 čajne žličke pimenta

PRIPRAVA

1. Piščanca nadevamo s pripravljenim nadevom; Solimo in popramo. V počasni štedilnik položite krpo za prah ali zmečkan kos aluminijaste folije, da

preprečite, da bi piščanec obstal v svojem soku. Če uporabljate globok, ozek glinen lonec, položite Cornish kokoš z vratom navzdol. V 1-litrski ponvi zmešajte želatino, rozine, maslo, limonin sok in piment. Med mešanjem kuhamo in zavremo. Z omako prelijemo piščanca v loncu.

2. Preostalo omako ohladite do serviranja. Pokrijte in kuhajte na NIZKI 5-7 ur, nato pribl. pustimo namakati eno uro. Preostalo omako zavremo in z njo prelijemo piščanca tik pred serviranjem.

3. 4.

Piščančje prsi Captain Country

SESTAVINE

- 2 srednji jabolki Granny Smith, brez peščic in narezani na kocke (neolupljeni)

- 1/4 skodelice sesekljane čebule

- 1 manjša zelena paprika brez semen in sesekljana

- 3 stroki česna, sesekljani

- 2 žlici rozin ali ribeza

- 2 ali 3 čajne žličke karija

- 1 čajna žlička mletega ingverja

- 1/4 žličke mlete rdeče paprike ali po okusu

- 1 pločevinka (približno 14 1/2 unč) na kocke narezanega paradižnika

- 6 piščančjih prsi brez kosti in kože

- 1/2 skodelice piščančje juhe

- 1 skodelica belega riža, spremenjenega v dolgozrnati riž

- 1 kg srednjih ali velikih kozic, olupljenih, surovih, po želji

- 1/3 skodelice naribanih mandljev

- košer sol

- Sesekljan peteršilj

PRIPRAVA

1. Združite na kocke narezano jabolko, čebulo, papriko, česen, zlate rozine ali ribez, kari v prahu, ingver in mleto rdečo papriko v 4- do 6-litrskem počasnem kuhalniku; Vmešajte paradižnik.

2. Piščanca razporedite po paradižnikovi mešanici, tako da koščke rahlo prekrijete. Polovice piščančjih prsi prelijemo s piščančjo osnovo. Pokrijte in kuhajte pri nizki temperaturi, dokler piščanec ni zelo mehak, ko ga prebodete z vilicami, približno 4-6 ur.

3. Piščanca položite na pekač, ohlapno pokrijte in hranite v pečici pri 400 °F ali več.

4. V tekočino od kuhanja vmešamo riž. Povečajte temperaturo na največjo; pokrijte in kuhajte, enkrat ali dvakrat premešajte, dokler se riž skoraj ne zmehča, približno 35 minut. Vmešajte kozice, če jih uporabljate; Pokrijte in kuhajte še 15 minut, dokler sredica kozice ni prozorna. cut check

5. Medtem v majhni ponvi proti prijemanju na srednjem ognju popecite mandlje do zlato rjave barve in občasno premešajte. Izpustil si me.

6. Ob serviranju riževo zmes začinimo s soljo. Razporedimo v toplo skledo; Na vrh položite piščanca. Potresemo s peteršiljem in mandlji.

Podeželski piščanec in gobe

SESTAVINE

- 1 steklenica podeželskega preliva

- 4-6 piščančjih prsi

- 8 unč narezanih gob

- Sol in poper po okusu

PRIPRAVA

1. Zmešajte vse sestavine; Pokrito dušimo 6-7 ur. Postrezite z rižem ali testeninami.

2. Za 4-6 oseb.

Chicken Country Club

SESTAVINE

- 5 jabolk, olupljenih, razrezanih in narezanih

- 6-8 narezanih mladih čebul, vključno z zeleno

- 1 kg piščančjih beder, brez kosti, s kožo, z odrezano maščobo, narezano na 2-palčne kocke

- 6 do 8 unč narezanega švicarskega sira

- 1 pločevinka (10 1/2 unč) kremne piščančje juhe, dobro zmešane s 1/4 skodelice mleka

- 1 pločevinka (6 oz) jabolčnega nadeva iz rozin Pepperidge Farm ali uporabite svojo najljubšo mešanico za nadev

- 1/4 skodelice stopljenega masla

- 3/4 skodelice jabolčnega soka

PRIPRAVA

1. Dodajte sestavine v 3 1/2-5 quart počasni kuhalnik v zgornjem vrstnem redu. Čez sirno plast prelijemo jušno mešanico, čez nadev maslo in na koncu potresemo z jabolčnim sokom. Prepričajte se, da tekočina navlaži celoten kruh.

2. Pokrijte in kuhajte na MAX 1 uro, na LOW še 4-5 ur.

3. Rose-Maryjina opomba:

4. Ne jemo ga z ničemer, a ker se iz njega naredi čudovita omaka in nadev izgine s krožnika, priporočam, da ga postrežete z rjavim rižem.

Piščanec z borovnicami

SESTAVINE

- 4-6 filejev piščančjih prsi brez kosti in kože
- 1 pločevinka cele brusnične omake
- 2/3 skodelice čilijeve omake
- 2 žlici jabolčnega kisa
- 2 žlici rjavega sladkorja
- 1 zavitek zlate čebulne juhe (Lipton)

PRIPRAVA

1. Piščančje prsi postavite v kuhalnik/počasen kuhalnik. Zmešajte preostale sestavine; Postavite v kuhalnik/lonec in dobro pokrijte piščanca. Pokrito dušimo 6-8 ur.

2. Za 4-6 oseb.

Borovničev piščanec II

SESTAVINE

- 2 kg piščančjih prsi brez kosti in kože
- 1/2 skodelice sesekljane čebule
- 2 žlički rastlinskega olja
- 2 žlički soli
- 1/2 čajne žličke mletega cimeta
- 1/4 čajne žličke mletega ingverja
- 1/8 čajne žličke mletega muškatnega oreščka
- drobno mlet piment
- 1 kozarec pomarančnega soka
- 2 žlički drobno naribane pomarančne lupinice
- 2 skodelici svežih ali zamrznjenih borovnic
- 1/4 skodelice rjavega sladkorja

PRIPRAVA

1. Na olju prepražimo kose piščanca in čebulo; potresemo s soljo.

2. V lonec dodamo popraženega piščanca, čebulo in ostale sestavine.

3. Pokrijte in kuhajte pri nizki temperaturi 5 1/2-7 ur.

4. Po potrebi po koncu kuhanja omako zgostimo z mešanico približno 2 žlic koruznega škroba in 2 žlic hladne vode.

Piščanec s kremnim sirom

SESTAVINE

- 3 do 3 1/2 kilogramske kose piščanca
- 2 žlici stopljenega masla
- Sol in poper po okusu
- 2 žlici suhega italijanskega solatnega preliva
- 1 pločevinka (10 3/4 oz) gobove juhe
- 8 unč kremnega sira, narezanega na kocke
- 1/2 kozarca suhega belega vina
- 1 žlica sesekljane čebule

PRIPRAVA

1. Piščanca premažite z maslom in potresite s soljo in poprom. Postavimo v počasni kuhalnik in potresemo s suhimi začimbami.

2. Pokrijte in dušite 6-7 ur, dokler se piščanec ne zmehča in skuha.

3. Približno 45 minut pred koncem v majhni kozici zmešajte juho, kremni sir, vino in čebulo. Kuhamo dokler ne postane penasto in homogeno.

4. Prelijemo preko piščanca, pokrijemo in kuhamo še 30-45 minut.

5. Piščanca postrezite z omako.

6. Za 4-6 oseb.

Krema iz piščanca in artičok

SESTAVINE

- 2-3 skodelice na kocke narezanega kuhanega piščanca

- 2 četrtini skodelic zamrznjenih artičok ali 1 pločevinka (približno 15 unč), odcejenih

- 2 unči narezanih čilijev, odcejenih

- 1 kozarec (16 unč) omake Alfredo

- 1 čajna žlička jušne ali kokošje juhe

- 1/2 čajne žličke posušene bazilike

- 1/2 čajne žličke stroka ali prahu česna

- 1 čajna žlička posušenega peteršilja, po želji

- Sol in poper po okusu

- 8 unč špagetov, kuhanih in odcejenih, po želji

PRIPRAVA

1. Približno pol kilograma piščanca skuham v vodi z limono in česnom, lahko pa tudi kuhane piščančje prsi ali preostanek piščančjih prsi. Vse sestavine dajte v skledo; Pokrito dušimo 4-6 ur. Vmešajte v vroče vroče testenine ali

uporabite kot omako za riž ali testenine. Ta recept za piščanca in artičoke v počasnem kuhanju služi za 4-6 oseb.

Italijanska piščančja krema

SESTAVINE

- 4 piščančje prsi brez kosti in kože

- 1 zavitek italijanskega solatnega preliva

- 1/3 skodelice vode

- 1 paket (8 unč) kremnega sira, mehkega

- 1 pločevinka (10 3/4 oz) kondenzirane smetane piščančje juhe, nerazredčena

- 1 pločevinka (4 oz.) stebel in kosov gob, odcejenih

- Vroč riž ali kuhane testenine

PRIPRAVA

1. Polovice piščančjih prsi položite v počasni kuhalnik. Zmešajte solatni preliv in vodo; prelijemo čez piščanca. Pokrijte in kuhajte pri nizki temperaturi 3 ure. V majhni skledi zmešajte kremni sir in juho, da se dobro povežeta. Dodajte gobe. Mešanico kremnega sira prelijemo čez piščanca. Kuhajte še 1-3 ure oziroma dokler piščančji sok ne izgine. Italijanski piščanec postrezite z rižem ali kuhanimi testeninami.

2. 4. del.

Piščančja kreolka

SESTAVINE

- 1 na kose narezan piščanec na žaru, cca. 3 kg piščančjih kosov

- 1 na majhne koščke narezana zelena paprika

- 6 mladih čebulic, približno 1 šopek, sesekljan

- 1 pločevinka (14,5 oz) paradižnika, neolupljenega, narezanega na kocke

- 1 pločevinka (6 oz) paradižnikove paste

- 4 unče na kocke narezane kuhane šunke

- 1 čajna žlička soli

- nekaj kapljic čilijeve omake iz stekleničke, npr. B. Tabasco

- 1/2 funta narezane prekajene klobase, andouille, kielbasa itd.

- 3 skodelice kuhanega riža

PRIPRAVA

1. V počasnem kuhalniku zmešajte piščanca, papriko, čebulo, paradižnik, paradižnikovo pasto, šunko, sol in poper.

2. Pokrijte in na majhnem ognju kuhajte 6 ur. Obrnite gumb in dodajte klobaso in kuhan riž. Pokrijte in kuhajte še 20 minut pri največji moči.

Kreolski piščanec s klobaso

SESTAVINE

- 1 1/2 funta piščančjih beder brez kosti, narezanih na kose
- 12 unč prekajene klobase andouille, narezane na 1- do 2-palčne kose
- 1 skodelica sesekljane čebule
- 3/4 skodelice piščančje juhe ali vode
- 1 pločevinka (14,5 oz) na kocke narezanega paradižnika
- 1 pločevinka (6 oz) paradižnikove paste
- 2 čajni žlički cajunskega ali kreolskega preliva
- ščepec kajenskega popra po okusu
- 1 na majhne koščke narezana zelena paprika
- Sol in poper po okusu
- vroč kuhan beli ali rjavi riž ali kuhani, odcejeni špageti

PRIPRAVA

1. V počasnem kuhalniku zmešajte koščke piščančjega stegna, koščke klobase andouille, sesekljano čebulo, jušno juho ali vodo, paradižnik (z njihovim sokom), paradižnikovo pasto, kreolske začimbe in kajenski poper.

2. Pokrijte in kuhajte mešanico piščanca in klobas na nizki temperaturi 6-7 ur. Približno uro pred kuhanjem dodamo sesekljano zeleno papriko. Okusite ter po potrebi dodajte sol in poper.

3. Postrezite to okusno jed s piščancem in klobasami s kuhanim rižem, kuhanim na pari, ali špageti ali testeninami z angelskimi lasmi.

4. Za 6 oseb.

Lončeni piščanec in artičoke

SESTAVINE

- 3 kg piščančjih kosov, narezanih, sesekljanih

- Sol po okusu

- 1/2 čajne žličke popra

- 1/2 žličke paprike

- 1 žlica masla

- 2 steklenici artičokinega kisa, srčki; rezerva kislih kumaric

- 1 pločevinka (4 oz) gob, odcejenih

- 2 žlici instant tapioke

- 1/2 skodelice piščančje juhe

- 3 žlice suhega šerija ali več piščančje juhe

- 1/2 čajne žličke posušenega pehtrana

PRIPRAVA

1. Piščanca operemo in osušimo. Piščanca začinimo s soljo, poprom in papriko. V veliki ponvi na srednje močnem ognju skuhajte piščanca v marinadi iz masla in artičok.

2. Gobe in srčke artičok položite na dno počasnega kuhalnika. Potresemo s tapioko. Dodamo popečene koščke piščanca. Dodajte piščančjo osnovo in šeri. Dodamo pehtran. Pokrijte in kuhajte pri nizki temperaturi 7-8 ur ali pri visoki temperaturi 3 1/2-4 1/2 ure.

3. 4. del.

Ocvrt piščanec in začimbe

SESTAVINE

- Polovica 4 piščančjih prsi brez kože in kosti

- Sol in sveže mlet črni poper po okusu

- 4 rezine švicarskega sira

- 1 pločevinka (10 3/4 oz.) kondenzirane piščančje juhe

- 1 pločevinka (10 3/4 oz) koncentrata gobove juhe ali smetane zelene

- 1 skodelica piščančje juhe

- 1/4 skodelice mleka

- 3 skodelice streusel preliva z zelišči

- 1/2 skodelice stopljenega masla

PRIPRAVA

1. Piščančje prsi začinite s soljo in poprom ter jih položite v počasen kuhalnik. Piščančje prsi prelijemo s piščančjo osnovo. Na vsako prsi položite rezino švicarskega sira.

2. V skledi zmešamo juho in mleko. Dobro premešamo. Z jušno mešanico prelijemo piščanca. Vse skupaj pokapljamo z mešanico za nadev. Plast nadeva prelijemo s stopljenim maslom.

3. Pokrijte in kuhajte na majhnem ognju 5-7 ur.

4. **Opomba**: Piščančje prsi so zelo puste in se ob predolgem kuhanju izsušijo.

5. Odvisno od počasnega štedilnika lahko piščanca spečete do popolnosti v do 4 urah. Za daljši čas kuhanja preizkusite recept za piščančje krače brez kosti.

Vroče piščančje enčilade v glinenih lončkih

SESTAVINE

- 9 koruznih tortilj, 6 palcev

- 1 pločevinka (12-16 unč) celih koruznih zrn, odcejenih

- 2-3 skodelice na kocke narezanega kuhanega piščanca

- 1 čajna žlička čilija v prahu

- 1/4 čajne žličke mletega črnega popra

- 1/2 čajne žličke soli ali po okusu

- 1 pločevinka (4 oz) sesekljanega zelenega čilija

- 2 skodelici naribanega mehiškega mešanega sira ali blagega cheddar sira

- 2 pločevinki (po 10 unč) omake enchilada

- 1 pločevinka (15 unč) črnega fižola, opranega in odcejenega

- Guacamole in kisla smetana

PRIPRAVA

1. Počasen štedilnik popršite s pršilom za kuhanje proti prijemanju.

2. Na dno počasnega kuhalnika položite 3 tortilje.

3. Na tortiljo položite koruzo, polovico piščanca, približno polovico nadeva in polovico čilija.

4. Potresemo s polovico naribanega sira in prelijemo s 3/4 skodelice omake enchilada.

5. Ponovite s še 3 tortiljami, črnim fižolom, preostalim piščancem, prelivi, čilijem in sirom.

1. Okrasite s preostalimi tortiljami in omako enchilada.

2. Pokrijte in kuhajte pri nizki temperaturi 5-6 ur.

3. Postrezite z guacamolejem in kislo smetano.

4. Za 6-8 oseb.

Piščančja enčilada v skledi

SESTAVINE

- 1 velika (19 oz) pločevinka omake enchilada
- 6 piščančjih prsi brez kosti
- 2 pločevinki kremne piščančje juhe
- 1 majhna škatla narezanih črnih oliv
- 1/2 skodelice sesekljane čebule
- 1 pločevinka (4 oz.) sesekljane sladke paprike
- 16-20 koruznih tortilj
- 16 unč naribanega sira čedar

PRIPRAVA

1. Piščanca skuhamo in nasekljamo. Primešamo juho, olive, čili in čebulo. Tortiljo narežemo na rezine. Crock Pot obložite s salso, tortiljami, mešanico juhe, piščancem in sirom, nato pa na vrh položite sir. Pokrijte in kuhajte pri nizki temperaturi 5-7 ur.

2. Za 8-10 oseb

Piščanec v loncu s tortiljami

SESTAVINE

- 4 skodelice narezanega ali kuhanega piščanca
- 1 pločevinka piščančje juhe
- 1/2 sekunde zelene čilijeve omake
- 2 žlici. tapioka za hitro kuhanje
- 1 srednje velika rdeča čebula, sesekljana
- 1 1/2 sekunde naribanega sira
- 12-15 koruznih tortilj
- Črne olive
- 1 paradižnik, sesekljan
- 2 žlici sesekljane zelene čebule
- Krema za dekoracijo

PRIPRAVA

1. Piščanca zmešajte z juho, čilijevo omako in tapioko. Dno posode obložimo s 3 na majhne koščke narezanimi koruznimi tortiljami. Dodajte 1/3 piščančje mešanice. Potresemo z 1/3 čebule in 1/3 naribanega sira. Ponovite plasti tortilje z mešanico piščanca, čebule in sira. Pokrijte in kuhajte pri nizki

temperaturi 6-8 ur ali pri visoki temperaturi 3 ure. Okrasite z narezanimi črnimi olivami, sesekljanim paradižnikom, zeleno čebulo in po želji kislo smetano.

Crockpot cassoulet

SESTAVINE

- 1 kilogram posušenega vloženega fižola, opranega
- 4 skodelice vode
- 4 polovice piščančjih prsi brez kosti in kože, narezane na 1-palčne kose
- 8 unč kuhane šunke, narezane na 1-palčne kose
- 3 veliki korenčki, narezani na tanke rezine
- 1 skodelica sesekljane čebule
- 1/2 skodelice sesekljane zelene
- 1/4 skodelice tesno pakiranega rjavega sladkorja
- 1/2 čajne žličke soli
- 1/4 čajne žličke suhe gorčice
- 1/4 čajne žličke popra
- 1 pločevinka (8 oz) paradižnikove omake
- 2 žlici melase

PRIPRAVA

2. Fižol čez noč namočite v 4 skodelice vode v nizozemski pečici ali velikem kotličku.

3. Pokrijte in kuhajte fižol na pari, dokler se ne zmehča približno 1 uro in pol, po potrebi dodajte še malo vode.

4. V lonec dodajte fižol in tekočino. Dodajte preostale sestavine; Dobro premešamo.

5. Pokrijte in kuhajte na majhnem ognju 7-9 ur, dokler se zelenjava ne zmehča.

6. Za 6-8 oseb.

Piščančji in zeliščni cmoki

SESTAVINE

- 3 kg kosov piščanca brez kože
- Sol poper
- 1/4 skodelice sesekljane čebule
- 10 majhnih belih čebul
- 2 stroka česna, sesekljana
- 1/4 žličke mletega majarona
- 1/2 žličke zdrobljenih posušenih listov timijana
- 1 lovorjev list
- 1/2 kozarca suhega belega vina
- Sladka smetana iz 1 skodelice mleka
- 1 skodelica mešanice za torte
- 1 žlica sesekljanega peteršilja
- 6 žlic mleka

PRIPRAVA

1. Piščanca začinimo s soljo in poprom ter damo v kuhalnik ali lonec. V lonec dodajte vso čebulo. Dodamo česen, majaron, timijan, lovorjev list in vino. Pokrito dušimo 5-6 ur. Odstranite lovorjev list. Prelijemo s smetano. Ogenj povečamo in vmešamo mešanico za biskvit in peteršilj. Mleko vmešajte v zmes za torto, dokler ni dobro navlažena. Cmoke spustimo z žlice na stran sklede. Pokrijemo in kuhamo še 30 minut, da so njoki pečeni.

Piščanec na žaru

SESTAVINE

- 2 fileja piščančjih prsi brez kosti in kože

- 1 1/2 skodelice kečapa

- 3 žlice rjavega sladkorja

- 1 žlica Worcestershire omake

- 1 žlica sojine omake

- 1 žlica jabolčnega kisa

- 1 čajna žlička rdeče paprike, mlete ali po okusu

- 1/2 čajne žličke česna v prahu

PRIPRAVA

1. V počasnem kuhalniku zmešajte vse sestavine za omako. Dodajte piščanca; Obrnemo in dobro premažemo z omako.

2. Na najvišji moči kuhajte 3-4 ure oziroma dokler ni piščanec popolnoma kuhan. Piščanca natrgamo ali natrgamo in dodamo omaki v loncu. Dobro premešajte, da prekrijete vse kose.

3. Počasen štedilnik lahko držite na majhnem ognju, da se piščanec ne segreje in ga postrežemo na trdih zvitkih.

4. Okusno!

Piščanec na žaru

SESTAVINE

- 1 rezina piščanca, narezana na kose ali četrtine

- 1 pločevinka zgoščene paradižnikove juhe

- 3/4 sekljane čebule

- 1/4 sek kisa

- 3 žlice. rjavi sladkor

- 1 žlica. Worcester omaka

- 1/2 žličke. Sol

- 1/4 žličke. Bazilika

- ščepec timijana

PRIPRAVA

1. Postavite piščanca v počasen kuhalnik. Ostale sestavine zmešamo in prelijemo čez piščanca. Tesno pokrijte in kuhajte pri nizki temperaturi 6-8 ur. Nosite 4.

Chicken Crockpot Chili

SESTAVINE

- 2 skodelici suhega fižola, namočenega čez noč
- 3 kozarca vrele vode
- 1 skodelica sesekljane čebule
- 2 stroka česna, sesekljana
- 2 ali 3 pločevinke jalapeño paprike, sesekljane (vložene dobro delujejo)
- 1 žlica mlete kumine
- 1 čajna žlička čilija v prahu
- 1 do 1 1/2 funtov piščančjih prsi brez kosti, narezanih na 1-palčne kose
- 2 bučki ali majhni bučki, narezani na kocke
- 1 pločevinka cele koruze (12-15 unč), odcejene
- 1/2 skodelice smetane
- 2 1/4 čajne žličke soli
- 1 žlica limoninega soka
- 1/4 skodelice sveže sesekljanega cilantra, plus malo okrasa po želji
- 1 paradižnik, narezan na majhne koščke, razpolovljen za dekoracijo ali koktejl paradižnik
- Krema za dekoracijo

PRIPRAVA

1. V počasnem kuhalniku zmešajte fižol in vrelo vodo. Pustite počivati, medtem ko pripravite ostale sestavine. V lonec dodajte sesekljano čebulo, sesekljan česen, jalapeño poper, kumino in čili v prahu. Na vrh položite piščanca. V lonec dodamo na kocke narezano bučo. Pokrito dušimo 7-8 ur, da se fižol zmehča. Zmešamo koruzo, smetano, sol, limonin sok in sesekljan koriander. Nalijte v sklede. Po želji okrasimo z žlico kisle smetane, sesekljanim paradižnikom in svežim sesekljanim koriandrom.

Crockpot Chicken Chow Mein

SESTAVINE

- 1 1/2 kg piščančjih prsi brez kosti, narezanih na 1 cm velike kose
- 1 žlica rastlinskega olja
- 1 1/2 skodelice sesekljane zelene
- 1 1/2 skodelice naribanega korenja
- 6 primarnih čebul, sesekljanih
- 1 skodelica piščančje juhe
- 1/3 skodelice sojine omake
- 1/4 žličke mlete rdeče paprike ali po okusu
- 1/2 čajne žličke mletega ingverja
- 1 strok česna, sesekljan
- 1 pločevinka (približno 12-15 unč) fižolovih kalčkov, odcejenih
- 1 pločevinka (8 oz) sesekljanega vodnega kostanja, odcejenega
- 1/4 skodelice koruznega škroba
- 1/3 skodelice vode

PRIPRAVA

1. V veliki ponvi popečemo kose piščanca. Ocvrtega piščanca dodajte v počasen kuhalnik. Dodajte preostale sestavine razen koruznega škroba in vode. Stresite. Pokrijte in kuhajte pri nizki temperaturi 6-8 ur. Počasni kuhalnik nastavite na VISOKO. Zmešajte koruzni škrob in vodo v majhni skledi in mešajte, dokler se ne raztopi in postane gladka. Vmešajte tekočine v počasnem kuhalniku. Pokrov naj bo rahlo priprt, da lahko para uhaja, in kuhajte, dokler se ne zgosti, približno 20-30 minut.

2. Postrezite z riževimi ali mein rezanci. Lahko se podvoji za 5 qt. Lonci/počasni štedilniki.

Crockpot Chicken Cordon Bleu

SESTAVINE

- 4-6 piščančjih prsi (fino zmletih)

- 4-6 kosov šunke

- 4-6 rezin švicarskega sira ali mocarele

- 1 pločevinka gobove juhe (lahko uporabite poljubno kremno juho)

- 1/4 skodelice mleka

PRIPRAVA

1. Piščancu dodajte šunko in sir. Zvijte in pritrdite z zobotrebcem. Piščanca postavite v kuhalnik/lonec tako, da bo videti kot trikotnik/_\Preostanek pokrijte. Juho zmešamo z mlekom; prelijemo čez piščanca. Pokrijte in dušite, dokler piščanec ni več rožnat, 4 ure. Postrezite s pripravljeno omako čez testenine.

2. Terezin komentar: To je daleč najboljši recept, kar sem jih kdaj poskusila, okusen je.

Crockpot Chicken Cordon Bleu II

SESTAVINE

- 6 prilog iz piščančjih prsi
- 6 rezin šunke
- 6 rezin švicarskega sira
- 1/2 s moke
- 1/2 s parmezana
- 1/2 žličke. Sol
- 1/4 žličke. poper
- 3 žlice olja
- 1 pločevinka piščančje juhe
- 1/2 kozarca suhega belega vina

PRIPRAVA

1. Obe strani piščančjih prsi položite med plastično folijo in nežno pretlačite, dokler se enakomerno ne zgostijo. Na vsake piščančje prsi položite rezino šunke in rezino švicarskega sira; Zvijte in pritrdite z zobotrebcem ali kuhinjsko vrvico. V skledi zmešamo moko, parmezan, sol in poper. Piščanca premažemo z mešanico parmezana in moke; Hladimo 1 uro. Ko se piščanec ohladi, segrejte ponev s 3 žlicami olja. Piščanca popečemo z vseh strani.

2. V ponvi zmešajte piščančjo osnovo in vino. Dodajte popečenega piščanca in kuhajte na NIZKO 4 1/2 do 5 ur ali na VISOKO približno 2 1/2 uri. Omako zgostimo z mešanico moke in mrzle vode (zmešamo cca. 2 žlici moke z 2 žlicama mrzle vode). Kuhamo še približno 20 minut, dokler se zmes ne zgosti.

3. Za 6 oseb.

Crockpot piščančja bedra

SESTAVINE

- 12-16 piščančjih stegen, očiščenih

- 1 skodelica javorjevega sirupa

- 1/2 skodelice sojine omake

- 1 pločevinka (14 oz) brusnične omake

- 1 čajna žlička dijonske gorčice

- 1 žlica koruznega škroba

- 1 žlica hladne vode

- Sesekljana zelena čebula ali sesekljan svež koriander, po želji

PRIPRAVA

1. Če želite kožo na stegnih, dajte piščanca v večji lonec, prelijte z vodo in na močnem ognju zavrite. Pustimo vreti približno 5 minut. S kuhanjem se s kože odstrani nekaj odvečne maščobe.

2. Odstranite piščanca, ga osušite in položite stegna v počasen kuhalnik.

3. V skledi zmešajte javorjev sirup, sojino omako, brusnično omako in gorčico. Po vrhu namažite s palčkami.

4. Pokrijte in kuhajte na NIZKI 6-7 ur ali na VISOKEM približno 3 ure. Piščanec mora biti zelo mehak, vendar ne popolnoma kuhan.

5. Piščančje krače preložimo na krožnik in pustimo na toplem.

6. Zmešajte koruzni škrob in hladno vodo v skodelici ali majhni skledi. Mešajte do gladkega.

7. Obrnite počasni štedilnik na visoko in dodajte mešanico koruznega škroba. Kuhajte, dokler se ne zgosti, približno 10 minut.

8. Ali pa tekočino dajte v lonec in zavrite. Vmešajte koruzni škrob in med mešanjem kuhajte minuto ali dve, dokler se omaka ne zgosti.

9. Po želji postrezite z narezanim čajem ali sesekljanim cilantrom.

10. Različice

11. Namesto tega uporabite piščančja bedra ali bedra s kostmi. Pred kuhanjem odstranite kožo.

12. Namesto krač uporabite 6-8 celih piščančjih beder brez kože.

Recept za piščančji frikasee v lončku

SESTAVINE

- 1 pločevinka kondenzirane piščančje juhe, juhe z manj maščobe ali zdrave juhe

- 1/4 skodelice vode

- 1/2 skodelice sesekljane čebule

- 1 žlička mlete paprike

- 1 čajna žlička limoninega soka

- 1 čajna žlička sesekljanega posušenega rožmarina

- 1 čajna žlička timijana

- 1 čajna žlička peteršiljevih kosmičev

- 1 čajna žlička soli

- 1/4 čajne žličke popra

- 4 piščančje prsi brez kosti in kože

- Sprej za kuhanje proti prijemanju

- Ravioli iz drobnjaka

- 3 žlice masti

- 1 1/2 skodelice moke

- 2 žlički. pecilni prašek

- 3/4 žličke. Sol

- 3 žlice sveže sesekljanega drobnjaka ali peteršilja

- 3/4 skodelice posnetega mleka

PRIPRAVA

1. Počasen štedilnik popršite s pršilom za kuhanje proti prijemanju. Piščanca postavite v počasen kuhalnik.

2. Zmešajte juho, vodo, čebulo, papriko, limonin sok, rožmarin, timijan, peteršilj, 1 čajno žličko soli in poper; prelijemo čez piščanca. Pokrijte in kuhajte pri nizki temperaturi 6-7 ur. Njoke pripravimo eno uro pred serviranjem (glej spodaj).

3. Njoki:

4. Z mešalnikom ali vilicami zmešajte suhe sestavine in mešajte, dokler zmes ne spominja na grobo moko.

5. Dodamo drobnjak ali peteršilj in mleko; Dobro premešamo. Na vrh potresemo vročega piščanca in omako. Pokrito kuhamo na močnem ognju še 25 minut, da so njoki gotovi. Postrežemo ga s pire krompirjem ali testeninami in zelenjavo ali solato.

Crockpot Chicken Reuben enolončnica

SESTAVINE

- 2 vrečki (po 16 unč) kislega zelja, oplaknjeno in odcejeno

- 1 skodelica lahke ali nizkokalorične ruske solate, razdeljena

- 6 piščančjih prsi brez kosti in kože

- 1 žlica pripravljene gorčice

- 4-6 rezin švicarskega sira

- svež peteršilj, za dekoracijo, po želji

PRIPRAVA

1. Polovico kislega zelja položite v električni počasni štedilnik s prostornino 3 1/2 litra. Pokapljajte s približno 1/3 skodelice preliva. Na vrh položite 3 polovice piščančjih prsi in piščanca namažite z gorčico. Okrasite s preostalim kislim zeljem in piščančjimi prsmi. Na krožnik prelijemo še eno skodelico omake. Preostalo omako ohladite do serviranja. Pokrijte in dušite, dokler piščanec ni popolnoma bel in mehak, približno 3 1/2 do 4 ure.

2. Za serviranje enolončnico razdelite na 6 krožnikov. Okrasite z rezino sira in potresite z nekaj žličkami ruskega preliva. Postrezite takoj, po okusu okrasite s svežim peteršiljem.

3. Za 6 oseb.

Piščančja enolončnica z artičokami

SESTAVINE

- 1/2 do 2 funta piščančjih prsi brez kosti in kože

- 8 unč narezanih svežih gob

- 1 pločevinka (14,5 oz) na kocke narezanega paradižnika

- 1 paket zamrznjenih artičok, 8 do 12 unč

- 1 skodelica piščančje juhe

- 1/2 skodelice sesekljane čebule

- 1 pločevinka (3-4 oz) zrelih oliv, narezanih na rezine

- 1/4 skodelice suhega belega vina ali piščančje juhe

- 3 žlice instant tapioke

- 2 žlički karija ali po okusu

- 3/4 čajne žličke sesekljanega posušenega timijana

- 1/4 čajne žličke soli

- 1/4 čajne žličke popra

- 4 skodelice vročega riža

PRIPRAVA

1. Sperite piščanca; odcedimo in odstavimo. V 3 1/2 do 5 litrskem počasnem kuhalniku zmešajte gobe, paradižnike, srčke artičok, piščančjo juho, sesekljano čebulo, narezane olive in vino. Zmešajte tapioko, kari, timijan, sol in poper. Dodajte piščanca v lonec; Nekaj paradižnikove mešanice prelijemo čez piščanca.

2. Pokrijte in kuhajte na NIZKI 7-8 ur ali na VISOKEM 3 1/2-4 ure. Postrežemo ga s kuhanim rižem.

3. Za 6-8 obrokov.

Crockpot piščanec z dijonsko gorčico

SESTAVINE

- 4-6 filejev piščančjih prsi brez kosti

- 2 žlici dijonske gorčice

- 1 pločevinka gobove juhe z 98 % maščobe.

- 2 žlički koruznega škroba

- ščepec črnega popra

PRIPRAVA

1. Polovice piščančjih prsi položite v vložek za počasno kuhanje.

2. Ostale sestavine zmešamo in prelijemo čez piščanca.

3. Pokrijte in kuhajte na nizki temperaturi 6-8 ur.

Piščančja enolončnica z rižem

SESTAVINE

- 4-6 filejev piščančjih prsi brez kosti in kože

- 1 pločevinka (10 3/4 unč) kondenzirane gobove juhe ali kremne piščančje juhe

- 1/2 skodelice vode

- 3/4 skodelice modificiranega riža, surovega a

- 1 1/2 skodelice piščančje juhe

- 1 ali 2 skodelici zamrznjenega stročjega fižola, odmrznjenega

PRIPRAVA

1. Piščančje prsi položite v skledo. Dodajte kremno gobovo juho in 1/2 skodelice vode.

2. Dodajte 3/4 skodelice riža in piščančjo juho.

3. Dodajte stročji fižol.

4. Pokrijte in kuhajte pri nizki temperaturi 6 ur, dokler se piščanec ne zmehča in riž ni mehak.

Za 4-6 oseb.

Piščančja enolončnica s paradižnikom

SESTAVINE

- 4-6 piščančjih prsi

- 2 zeleni papriki, narezani na rezine

- 1 pločevinka sesekljanih sesekljanih paradižnikov

- 1/2 steklenice italijanskega preliva (nizka vsebnost maščob po okusu)

PRIPRAVA

1. Piščančje prsi, zeleno papriko, dušene paradižnike in italijanske začimbe dajte v počasen kuhalnik ali lonec in kuhajte pri nizki temperaturi ves dan (6-8 ur).

2. Ta recept za dušenega piščanca s paradižniki je delil Myron s Floride

Crockpot Cola piščanec

SESTAVINE

- 1 cel piščanec, približno 3 kg
- 1 kozarec kečapa
- 1 velika rdeča čebula, narezana na tanke rezine
- 1 kozarec Cole, Cole, Pepsi, Dr. Pepper itd

PRIPRAVA

1. Piščanca operemo in osušimo. Sol in poper po okusu. Piščanca položite v Crock Pot s čebulo na vrhu. Dodajte kolo in kečap ter kuhajte na NIZKI 6-8 ur. Uživajte!

2. Napisala Molly

Crockpot Chicken Creole

SESTAVINE

- 1 funt piščančjih beder brez kože in kosti, narezanih na 1-palčne kose
- 1 pločevinka (14,5 oz) paradižnikovega soka
- 1 1/2 skodelice piščančje juhe
- 8 unč popolnoma kuhane prekajene klobase, narezane na rezine
- 1/2 do 1 skodelice na kocke narezane kuhane šunke
- 1 skodelica sesekljane čebule
- 1 pločevinka (6 oz) paradižnikove paste
- 1/4 skodelice vode
- 1 1/2 žličke kreolskega preliva
- nekaj kapljic tabasca ali druge čilijeve omake
- 2 skodelici surovega instant riža •
- 1 skodelica sesekljane zelene paprike

PRIPRAVA

1. V počasnem kuhalniku zmešajte piščanca, paradižnik, juho, klobaso, šunko, čebulo, paradižnikovo pasto, vodo, začimbe in omako Tabasco. Pokrijte in kuhajte pri nizki temperaturi 5-6 ur.

2. V lonec dodajte riž in zeleno papriko ter kuhajte še 10 minut oziroma dokler se riž ne zmehča in ne vpije večine tekočine.

3. Po želji pripravite 1 1/2 skodelice navadnega dolgozrnatega riža in postrezite s piščančjo mešanico.

4. Za 6 oseb.

Pikantna piščančja enolončnica z nadevom

SESTAVINE

- 1 pločevinka (10 1/2 oz) kremne piščančje juhe z zelenjavo

- 1 pločevinka (10 1/2 unč) kremne zelene ali kremne piščančje juhe

- 1/2 skodelice suhega belega vina ali piščančje juhe

- 1 čajna žlička posušenih peteršiljevih kosmičev

- 1 čajna žlička zdrobljenih suhih listov timijana

- 1/2 čajne žličke soli

- Ščepec črnega popra

- 2 ali 2 1/2 skodelice začinjenih drobtin za nadev, približno 6 unč, razdeljeno

- 4 žlice masla, razdeljeno

- 6-8 filejev piščančjih prsi brez kosti in kože

PRIPRAVA

1. Primešajte juhi, vinu ali osnovi, peteršilju, timijanu, soli in popru.

2. Piščanca operemo in osušimo.

3. Rahlo namastite 5-7 litrski vložek za počasno kuhanje.

4. Na dno pekača potresite približno 1/2 skodelice drobtin za nadev in premažite s približno žlico masla.

5. Na vrh položite polovico piščanca in nato polovico preostalih drobtin za nadev. Premažemo s polovico preostalega masla in prelijemo s polovico jušne mešanice.

6. Ponovite s preostalim piščancem, polnjenimi drobtinami, maslom in mešanico juhe.

7. Pokrijte in kuhajte pri nizki temperaturi 5-7 ur ali dokler se piščanec ne zmehča.

Za 6-8 oseb.

Pikantna piščančja enolončnica z nadevom

SESTAVINE

- 1 pločevinka (10 1/2 oz) kremne piščančje juhe z zelenjavo

- 1 pločevinka (10 1/2 unč) kremne zelene ali kremne piščančje juhe

- 1/2 skodelice suhega belega vina ali piščančje juhe

- 1 čajna žlička posušenih peteršiljevih kosmičev

- 1 čajna žlička zdrobljenih suhih listov timijana

- 1/2 čajne žličke soli

- Ščepec črnega popra

- 2 ali 2 1/2 skodelice začinjenih drobtin za nadev, približno 6 unč, razdeljeno

- 4 žlice masla, razdeljeno

- 6-8 filejev piščančjih prsi brez kosti in kože

PRIPRAVA

1. Primešajte juhi, vinu ali osnovi, peteršilju, timijanu, soli in popru.

2. Piščanca operemo in osušimo.

3. Rahlo namastite 5-7 litrski vložek za počasno kuhanje.

4. Na dno pekača potresite približno 1/2 skodelice drobtin za nadev in premažite s približno žlico masla.

5. Na vrh položite polovico piščanca in nato polovico preostalih drobtin za nadev. Premažemo s polovico preostalega masla in prelijemo s polovico jušne mešanice.

1. Ponovite s preostalim piščancem, drobtinami za nadev, maslom in mešanico juhe.

2. Pokrijte in kuhajte pri nizki temperaturi 5-7 ur ali dokler se piščanec ne zmehča.

Za 6-8 oseb.

Italijanski crockpot piščanec

SESTAVINE

- 4 kilograme piščančjih kosov

- 3 žlice oljčnega olja

- 2 čebuli, narezani

- 1 čajna žlička soli

- 1/2 čajne žličke sveže mletega popra

- 2 stebli zelene, sesekljani

- 2 skodelici na kocke narezanega krompirja

- 1 pločevinka (14,5 unč) na kocke narezanega neolupljenega paradižnika

- 1 čajna žlička posušenih listov origana

- 1 žlica posušenih peteršiljevih kosmičev

- 1 skodelica zamrznjenega graha, odmrznjenega

PRIPRAVA

1. Na vročem olju popečemo kose piščanca. Solimo, popramo in dodamo čebulo ter pražimo še 5 minut. Na dno kuhalnika damo zeleno in krompir ter dodamo piščanca, čebulo in rdeče paradižnike s sokom, origano in peteršilj. Pokrijte in kuhajte na majhnem ognju 6-8 ur. V zadnjih 30 minutah dodajte grah.

2. Za 6 oseb.

Lončeni fižol Lima s piščancem

SESTAVINE

- 3-4 kilogramske kose piščanca
- Sol poper
- 1 žlica rastlinskega olja
- 2 velika krompirja, narezana na 1-palčne kocke
- 1 paket zamrznjenega fižola lima, odmrznjenega
- 1 skodelica piščančje juhe
- 1/4 čajne žličke zdrobljenih posušenih listov timijana

PRIPRAVA

1. Piščanca začinite s soljo in poprom. V veliki ponvi segrejte olje in maslo; Piščančje prsi prepražimo na obeh straneh, dokler ne porjavijo. Piščanca dodamo v lonec k ostalim sestavinam. Pokrijte in dušite, dokler se piščanec ne zmehča, 4-6 ur.

2. 4. del.

Crockpot makaroni in užitek s sirom

SESTAVINE

- 1 steklenica omake Alfredo

- 1 pločevinka gobove juhe, če je zdrava

- 1 (7 oz.) pločevinka belega tuna ali piščanca, odcejenega ali uporabite ostanke kuhanega piščanca ali mesa

- 1/4 čajne žličke karija

- 1 do 1 1/2 skodelice zamrznjene mešane zelenjave

- 1 1/2 skodelice naribanega švicarskega sira

- 4 skodelice kuhanih testenin (testenine, papillon, pokrovače)

PRIPRAVA

1. Zmešajte prvih 5 sestavin; Pokrijte in kuhajte pri nizki temperaturi 4-5 ur. V zadnji uri mešanici dodajte švicarski sir. Testenine skuhamo po navodilih na embalaži; Odcedite in postavite v počasen kuhalnik. Odlično se ujema tudi s kuhanim ali konzerviranim piščancem, ostanki šunke ali samo dodatno zelenjavo!

2. 4. del.

Prvi piščanec in polnjen lonec

SESTAVINE

- 1 zavitek pripravljene mešanice za nadev z okusom zelišč
- 4-6 filejev piščančjih prsi brez kosti ali piščančja bedra brez kože in kosti
- 1 pločevinka (10 3/4 oz) kondenzirane smetane piščančje juhe, nerazredčena
- 1 pločevinka (3-4 unče ali več) sesekljanih, posušenih gob

PRIPRAVA

1. Namastite dno in stranice vložka za počasno kuhanje.

2. Pripravite pakiran (ali domač) nadev z maslom in tekočino v skladu z navodili na embalaži.

3. Pripravljen nadev položite na z maslom namazano dno počasnega kuhalnika.

4. Na mešanico za nadev položite kose piščanca. Piščanci se lahko prekrivajo, vendar poskušajte urediti čim manj. Če imate prostor, lahko uporabite več piščanca.

5. Piščanca prelijte s kondenzirano piščančjo juho. Po želji lahko uporabite tudi kremo iz gob ali zelene. V kompletu z gobami. Gobe obvezno malo potresite, da jih prelijete z juho.

6. Pokrijte in kuhajte na majhnem ognju 5-7 ur.

7. • Piščančje prsi se pri daljšem kuhanju rade izsušijo, zato jih najprej preverite. Meso je debelejše od piščančjih prsi, zato ga lahko kuhamo dlje.

Piščančji kralj Diana

SESTAVINE

- 1 1/2 do 2 kilograma piščanca brez kosti

- 1-1 1/2 skodelice korenja, narezanega na vžigalice

- 1 šopek zelene čebule, narezan na 1/2-palčne kose

- 1 kozarec oljčnega kremnega sira Kraft Pimiento ali Pimento (5 oz)

- 1 pločevinka piščančje juhe z 98 % maščobe.

- 2 žlici suhega šerija (neobvezno)

- Sol in poper po okusu

PRIPRAVA

1. Vse sestavine postavite v počasen kuhalnik/štedilnik (3 1/2 litra ali več) v navedenem vrstnem redu. Zmešajte. Pokrijte in kuhajte na majhnem ognju 7-9 ur. Postrezite z rižem, toastom ali krekerji.

2. Za 6-8 oseb.

Piščanec z zelenjavo kopra

SESTAVINE

- 1 do 1 1/2 lb piščančjih kepic, narezanih na 1-palčne kose

- 1 žlica suhe, sesekljane čebule (ali drobno sesekljane čebule)

- 1 pločevinka gobove juhe z navadno ali zmanjšano vsebnostjo maščobe 98 %.

- 1 paket (1 unča) gobovega soka (lahko ga nadomestite s piščancem ali podeželsko omako)

- 1 skodelica mladega korenja

- 1/2-1 čajna žlička kopra

- sol in poper začinimo po okusu

- 1 skodelica zamrznjenega graha

PRIPRAVA

1. Zmešajte prvih 7 sestavin v počasnem kuhalniku/loncu; Pokrito dušimo 6-8 ur. Zadnjih 30-45 minut dodamo zamrznjen grah. Postrezite z rižem ali pire krompirjem.

2. 4. del.

Ne dajajte sladko-kislega piščanca

SESTAVINE

- 2-4 fileja piščančjih prsi brez kože

- 1 velika čebula, grobo sesekljana

- 2 grobo narezani papriki (ena zelena, ena rdeča)

- 1 skodelica cvetov brokolija

- 1/2 skodelice koščkov korenja

- 1 velika pločevinka narezanega ananasa (odcejen sok)

- 1/4-1/2 skodelice rjavega sladkorja (uporabite lahko tudi navaden sladkor)

- Voda/vino/sok belega grozdja/pomarančni sok itd. za dodatno zamenjavo tekočine, če je potrebno

- 1 žlica koruznega škroba na skodelico nastale tekočine

- Pekoča omaka po okusu, po želji

- Sol in poper po okusu, po želji

- Cimet, po želji

- Piment po želji

- Nageljnove žbice, neobvezno

- Curry v prahu, po želji

PRIPRAVA

1. Piščančje prsi postavite v kuhalnik ali počasen kuhalnik. Dodajte čebulo, papriko, brokoli in korenje. Mešajte, da se dobro poveže, brez grudic sladkorja, tekočine, začimb, koruznega škroba in sladkorja. Prelijemo čez piščanca. Če soka ni dovolj, dodajte svojo najljubšo tekočino, da dosežete željeno raven. (VENDAR OPOMBA: Za vsako dodatno skodelico tekočine dodajte dodatno žlico koruznega škroba, preden dodate v počasen kuhalnik.)

2. Pokrijte in kuhajte na nizki temperaturi 6-8 ur. Včasih spremenim recept in uporabim sadne smutije z malo manj sladkorja, konzervirani ananas ali marelice, lahko pomarančno marmelado. (Če ste uporabili konzervirano, ne potrebujete koruznega škroba in seveda ne sladkorja. Uporabite svojo domišljijo. Ne pozabite, da je grenko sladko v bistvu sadni sok in kis.

Piščanec s sirom v počasnem kuhanju

SESTAVINE

- 6 piščančjih prsi brez kosti in kože
- Sol in poper po okusu
- Česen v prahu, po okusu
- 2 pločevinki kondenzirane piščančje juhe
- 1 pločevinka kondenzirane juhe s čedarjem

PRIPRAVA

1. Piščanca oplaknite in potresite s soljo, poprom in česnom v prahu. Nerazredčeno juho primešamo in vlijemo v lonec s piščancem.

2. Pokrijte in kuhajte na nizki temperaturi 6-8 ur.

3. Postrezite z rižem ali testeninami.

4. Za 6 oseb.

Lahki piščančji cacciatore

SESTAVINE

- 1 piščanec, mleto, 3-3 1/2 kilograma
- 1 steklenica omake za špagete
- sesekljano čebulo
- narezane gobe
- sesekljana zelena paprika
- Sol poper
- Koščki čilija

PRIPRAVA

1. Dodajte celega narezanega piščanca (3-3 1/2 funtov) na kuhalnik/skledo. Dodajte nekaj sesekljane čebule, gob in zelene paprike v steklenico omake za špagete. Sol in poper po okusu. (Uporabljam tudi te majhne čilijeve kosmiče.)

2. Kuhajte na majhnem ognju ves dan (7-9 ur). Postrezite s testeninami ali špageti.

Lahka omaka za testenine s piščancem

SESTAVINE

- 1 kg piščančjega fileja ali piščančjih prsi, narezanih na kocke

- 1 pločevinka (15 oz) na kocke narezanega paradižnika

- 1 majhna (6 oz) pločevinka paradižnikove paste

- 1 palčka zelene, sesekljane

- 1/4 skodelice sesekljane čebule

- 1/2 skodelice sesekljanega ali naribanega korenja, konzerviranega ali kuhanega do mehkega

- 1/2 čajne žličke origana

- 1/2 čajne žličke soli

- 1/4 čajne žličke popra

- 1/2 čajne žličke česna v prahu

- ščepec sladkorja ali drugega sladila (po želji ali okusu)

PRIPRAVA

1. Zmešajte vse sestavine v počasnem kuhalniku ali loncu. Pokrijte in kuhajte na majhnem ognju 6-8 ur. Približno 30 minut pred serviranjem okusite in prilagodite preliv ter po potrebi dodajte malo vode, da razredčite. Postrezite ta preprost recept za piščančje prsi s špageti, fetučini ali drugimi testeninami.

2. Ta preprost recept za piščanca služi 4 osebam.

Navaden piščanec z mandlji

SESTAVINE

- 4-6 piščančjih prsi, opranih brez kože
- 1 pločevinka (10 3/4 oz) piščančje juhe
- 1 žlica limoninega soka
- 1/3 skodelice majoneze
- 1/2 skodelice na tanke rezine narezane zelene
- 1/4 skodelice sesekljane čebule
- 1/4 skodelice odcejene, zdrobljene rdeče paprike
- 1/2 skodelice narezanih ali narezanih mandljev
- sesekljan svež peteršilj, po želji

PRIPRAVA

1. Piščančje prsi položite na dno počasnega kuhalnika. V skledi zmešajte juho, limonin sok, majonezo, zeleno, čebulo in čili; prelijemo čez piščančje prsi. Pokrijte in dušite, dokler se piščanec ne zmehča, 5 do 7 ur (polovice piščančjih prsi brez kosti potrebujejo manj časa kot polovice piščančjih prsi brez kosti). Piščančje prsi položite v skledo in jih prelijte s sokom iz ponve. Po okusu potresemo mandlje in peteršilj.

2. Postrezite s poparjenim kuhanim rižem in poparjenim brokolijem.

3. Za 4-6 oseb.

Easy Crockpot Cassoulet

SESTAVINE

- 1 žlica ekstra deviškega oljčnega olja

- 1 velika čebula, sesekljana

- 4 grobo narezana piščančja stegna brez kosti in kože

- 1/4 kilograma kuhane prekajene klobase, npr. Na primer kielbasa ali pikantnejši andouille, narezan na kocke

- 3 stroki česna, sesekljani

- 1 čajna žlička posušenih listov timijana

- 1/2 čajne žličke črnega popra

- 4 žlice paradižnikove paste

- 2 žlici vode

- 3 pločevinke (približno 15 unč vsaka) fižola, oprane in odcejene

- 3 žlice sesekljanega svežega peteršilja

PRIPRAVA

1. V veliki ponvi na srednje močnem ognju segrejte oljčno olje.

2. Na vroče olje dodajte čebulo in med mešanjem kuhajte, dokler se čebula ne zmehča, približno 4 minute.

3. Dodajte piščanca, klobaso, česen, timijan in poper. Kuhajte 5-8 minut ali dokler piščanec in klobase niso zlato rjave barve.

4. Dodajte paradižnikovo pasto in vodo; Dodajte v počasni kuhalnik. Fižol vmešajte v piščančjo zmes; Pokrijte in kuhajte pri nizki temperaturi 4-6 ur.

5. Pred serviranjem škatlo potresemo s sesekljanim peteršiljem.

6. Storitev 6.

Easy Crockpot Chicken Santa Fe by Cindy

SESTAVINE

- 1 pločevinka (15 unč) črnega fižola, opranega in odcejenega
- 2 pločevinki (15 unč) cele koruze, odcejene
- 1 skodelica gostega, gostega, ustekleničenega preliva, vaš najljubši
- 5 ali 6 polovic piščančjih prsi brez kosti in kože (približno 2 kg)
- 1 skodelica naribanega čedar sira

PRIPRAVA

1. Zmešajte črni fižol, koruzo in 1/2 skodelice salse v 3 1/2- do 5-litrskem počasnem kuhalniku.

2. Pokrijte piščančje prsi in jih prelijte s preostalo 1/2 skodelice omake. Pokrijte in kuhajte pri visoki temperaturi, dokler piščanec ni mehak in popolnoma bel, 2 1/2 do 3 ure. Ne prekuhajte, sicer se bo piščanec izsušil.

3. Po vrhu potresemo sir; pokrijte in kuhajte, dokler se sir ne stopi, približno 5 do 15 minut.

4. Za 6 oseb.

Jeff Easy Fried Chicken with Gravy

SESTAVINE

- 1 ocvrt piščanec
- Sol poper

PRIPRAVA

1. Piščanca preprosto očistite, operite in dajte v lonec. Dodamo ščepec soli in po vrhu potresemo poper. Pustimo ga največ približno 6 ur.

2. Ko končni izdelek vzamete ven, preostali sok nakapajte v skodelico, pokrijte s folijo in postavite v zamrzovalnik za približno pol ure. To povzroči strjevanje maščobe na vrhu skodelice. Postrgajte in dodajte preostalo juho v omako.

Ingverjev piščanec z ananasom

SESTAVINE

- 4-5 piščančjih prsi brez kosti, narezanih na kocke (cca. 1,9 cm)
- 1 šop zelene čebule približno 3 cm z 1/2 cm narezano zeleno čebulo
- 1 pločevinka (8 oz) narezanega neolupljenega ananasa
- 1 žlica drobno sesekljanega kristaliziranega ingverja
- 2 žlici limoninega soka
- 2 žlici sojine omake (z nizko vsebnostjo natrija)
- 3 žlice rjavega sladkorja ali medu
- 1/2 čajne žličke česna v prahu

PRIPRAVA

1. Vse sestavine zmešajte v počasnem kuhalniku; Pokrito dušimo 6-8 ur. Postrezite z rižem ali ravnimi rezanci.

2. 4. del.

grški piščanec

SESTAVINE

- 4-6 filejev piščančjih prsi brez kože
- 1 liter. lahko (15 oz) paradižnikova omaka
- 1 pločevinka (14,5 oz) na kocke narezanega paradižnika s sokom
- 1 škatla narezanih gob
- 1 pločevinka (4 oz.) narezanih zrelih oliv
- 2 stroka česna, sesekljana
- 1 žlica. limonin sok
- 1 čajna žlička. posušeni listi origana
- 1/2 skodelice sesekljane čebule
- 1/2 sekunde suhega belega vina (neobvezno)
- 2 skodelici vročega riža
- Sol po okusu

PRIPRAVA

1. Piščanca operemo in osušimo. Pečemo pri 350 stopinjah približno 30 minut. Medtem zmešamo vse ostale sestavine (razen riža). Piščanca nasekljamo in dodamo omaki; Pokrito dušimo 4-5 ur. Piščanca in omako postrežemo z vročim rižem.

2. Za 4-6 oseb.

Havajska palica

SESTAVINE

- 12 piščančjih nog
- 1 kozarec kečapa
- 1 skodelica temno rjavega sladkorja
- 1/2 skodelice sojine omake
- sveže nariban ingver, 1 žlica
- kapljica sezamovega olja

PRIPRAVA

1. Pokrijte in kuhajte na nizki temperaturi približno 8 ur. Postrežemo ga z belim rižem.

2. Ahahaha!

3. Recept za piščančja bedra, ki sta ga delila LeRoy in Nitz Dawg!

Začinjen piščanec z zelenjavo

SESTAVINE

- 3-4 kilogramske kose piščanca

- 1 1/2 do 2 skodelici majhne čebule, zamrznjene ali cele v pločevinkah in odcejene

- 2 skodelici celih korenčkov

- 2 srednje velika krompirja, narezana na 1-palčne kose

- 1 1/2 skodelice piščančje juhe

- 2 srednji stebli zelene, narezani na 5 cm velike kose

- 2 rezini slanine, narezani na kocke

- 1 lovorjev list

- 1/4 čajne žličke posušenega timijana

- 1/4 čajne žličke črnega popra

- 1/4 skodelice sesekljanega svežega peteršilja

- 2 žlici sveže sesekljanega pehtrana ali 1 žlička posušenega pehtrana

- 1 čajna žlička naribane limonine lupinice

- 2 žlici svežega limoninega soka

- 1/2 čajne žličke soli ali po okusu

PRIPRAVA

1. V počasnem kuhalniku zmešajte piščanca, čebulo, korenje, krompir, juho, zeleno, slanino, lovorjev list, timijan in poper. Ogenj zmanjšajte in kuhajte 8-10 ur.

2. Pospravite ga.

3. Z žlico z režami prenesite piščanca in zelenjavo na segret krožnik. Pokrijemo s folijo in pustimo na toplem. Odcedite in odstranite odvečno maščobo. Peteršilj, pehtran, lupinico in limonin sok zmešamo in posolimo; Prelijemo čez piščanca in zelenjavo.

Začinjen piščanec z divjim rižem

SESTAVINE

- Chicken Nuggets 1 do 1 1/2 funtov ali polovica piščančjih prsi brez kosti

- 6 do 8 unč narezanih gob

- 1 žlica rastlinskega olja

- 2 ali 3 rezine narezane slanine ali 2 žlici prave slanine

- 1 čajna žlička masla

- 1 pločevinka (6 oz) dolgozrnatega riža Uncle Ben's (okus piščanca).

- 1 pločevinka piščančje kremne juhe, z zelišči ali naravna

- 1 kozarec vode

- 1 čajna žlička zeliščne mešanice, npr. B. okusna zelišča ali vaša najljubša mešanica zelišč; peteršilj, timijan, pehtran itd.

PRIPRAVA

1. Kose piščanca in gobe popečemo na olju in maslu, da piščanec rahlo porjavi. Slanino položite na dno 3 1/2 do 5 litrov počasnega kuhalnika. Na slanino položite riž. Rezervirajte zavojček začimb. Na riž položimo piščančje zvitke. Če uporabljate piščančje prsi, jih narežite na trakove ali kocke. Piščanca prelijemo z juho, nato pa zalijemo z vodo. Po vrhu namažemo s prelivi in potresemo z mešanico zelišč. Pokrijte in kuhajte pri NIZKI 5 1/2 do 6 1/2 ur ali dokler riž ni mehak (ni kašast).

2. Za 4-6 oseb.

Piščanec z medom in ingverjem

SESTAVINE

- 3 kg piščančjih prsi brez kože
- 1 1/4 palca sveže ingverjeve korenine, olupljene in narezane
- 2 stroka česna, sesekljana
- 1/2 skodelice sojine omake
- 1/2 skodelice medu
- 3 žlice suhega šerija
- Zmešajte 2 žlici koruznega škroba z 2 žlicama vode

PRIPRAVA

1. V majhni skledi zmešajte ingver, česen, sojino omako, med in šeri. Kose piščanca pomakamo v omako. Kose piščanca položite v počasen kuhalnik. Vse skupaj prelijemo s preostalo omako. Pokrijte in kuhajte na NIZKI približno 6 ur.

2. Odstranite piščanca iz vročega servirnega krožnika in nalijte tekočino v ponev ali ponev. Zavremo in pustimo vreti še 3-4 minute, da se količina nekoliko zmanjša. V mešanico omake vmešajte koruzni škrob.

3. Na majhnem ognju kuhamo toliko časa, da dobimo gosto zmes. Omako prelijemo čez piščanca in premešamo.

4. Piščanca postrežemo z vročim rižem.

Piščanec na žaru z medom in sladkim krompirjem

SESTAVINE

- 3 skodelice olupljenega in narezanega sladkega krompirja, približno 2 srednje velika do velika sladka krompirja
- 1 pločevinka (8 oz.) koščkov ananasa v soku, odcejenih
- 1/2 skodelice piščančje juhe
- 1/4 skodelice sesekljane čebule
- 1/2 čajne žličke mletega ingverja
- 1/3 skodelice omake za žar, vaša najljubša omaka
- 2 žlici medu
- 1/2 čajne žličke suhe gorčice
- 4-6 četrtin piščančjih beder (bedra s stegni, brez kože).

PRIPRAVA

1. V 3 1/2- do 5-litrskem počasnem kuhalniku zmešajte sladki krompir, ananas s sadnim sokom, piščančjo juho, sesekljano čebulo in mleti ingver; premešajte, da se dobro premeša. V majhni skledi zmešajte omako za žar, med in suho gorčico. premešajte, da se dobro premeša. Vse strani piščanca namažite z omako za žar. Ocvrtega piščanca v eni plasti položite na mešanico sladkega krompirja in ananasa, po potrebi prekrivajte. Preostalo mešanico omake za žar prelijemo čez piščanca.

2. Pokrov; Kuhajte 7-9 ur ali dokler se piščanec ne zmehča, izcedi sok in sladki krompir ni mehak.

3. Za 4-6 oseb.

Honey Hoisin piščanec

SESTAVINE

- 2-3 kg kosov piščanca (ali celega piščanca, nastrganega)
- 2 žlici sojine omake
- 2 žlici hoisin omake
- 2 žlici medu
- 2 žlici suhega belega vina
- 1 žlica naribane korenine ingverja ali 1 žlička mletega ingverja
- 1/8 čajne žličke mletega črnega popra
- 2 žlici koruznega škroba
- 2 žlici vode

PRIPRAVA

1. Piščanca operemo in osušimo; Postavite na dno počasnega kuhalnika.

2. Zmešajte sojino omako, hoisin omako, med, vino, ingver in poper. Z omako prelijemo piščanca.

3. Pokrijte in dušite, dokler se piščanec ne zmehča in se izcedi sok, približno 5 1/2 do 8 ur.

4. Zmešajte koruzni škrob in vodo.

5. Odstranite piščanca iz počasnega kuhalnika. Ogenj povečajte in dodajte koruzni škrob in vodo.

6. Nadaljujte s kuhanjem, dokler se ne zgosti, in prenesite piščanca v počasni kuhalnik, da se ponovno segreje.

Italijanski piščanec

SESTAVINE

- 4 piščančje prsi brez kosti, narezane na majhne koščke
- 1-16 oz. Konzervirani paradižnik, sesekljan
- 1 večja sladka zelena paprika, narezana na kocke
- 1 majhna čebula, narezana na kocke
- 1 palčka srednje velike zelene, narezana na kocke
- 1 srednje velik korenček, olupljen in narezan na kocke
- 1 lovorjev list
- 1 čajna žlička posušenega origana
- 1 čajna žlička posušene bazilike
- 1/2 čajne žličke posušenega timijana, po želji
- 2 stroka česna, sesekljana; ALI 2 žlički. Česen v prahu
- 1/2 čajne žličke soli
- 1/2 čajne žličke rdeče paprike ali po okusu
- 1/2 skodelice parmezana ali naribanega rimskega sira

PRIPRAVA

1. Vse sestavine razen naribanega sira zmešajte v počasnem kuhalniku.

2. Pokrijte in na majhnem ognju kuhajte 6-8 ur. Pred serviranjem odstranimo lovorov list in potresemo z naribanim sirom.

3. Dobro se poda k rižu ali testeninam

Italijanski piščanec v loncu

SESTAVINE

- 1 funt piščančjih beder brez kože in kosti ali 4 četrtine piščančjih beder brez kože
- 1/2 skodelice sesekljane čebule
- 1/2 skodelice narezanih zrelih oliv
- 1 pločevinka (14,5 unč) na kocke narezanega neolupljenega paradižnika
- 1 čajna žlička posušenih listov origana
- 1/2 čajne žličke soli
- 1/2 čajne žličke sesekljanega posušenega rožmarina
- ščepec posušenih lističev timijana
- 1/4 čajne žličke česna v prahu
- 1/4 skodelice hladne vode ali piščančje juhe
- 1 žlica koruznega škroba

PRIPRAVA

1. Postavite piščanca v 3 1/2 do 5 litrov počasen kuhalnik. Dodamo sesekljano čebulo in narezane olive. Paradižnik zmešajte z origanom, soljo, rožmarinom, timijanom in česnom v prahu. Paradižnikovo zmes prelijemo čez piščanca. Pokrijte in kuhajte pri nizki temperaturi 7-9 ur ali dokler se piščanec ne zmehča in sok ne steče. Piščanca in zelenjavo narežemo z žlico z režami in položimo na topel krožnik. Pokrijemo s folijo in pustimo na toplem. Povečajte posodo na VISOKO.

2. Zmešajte vodo ali juho in koruzni škrob v skodelici ali majhni skledi. mešajte do homogenosti. Mešajte tekočino v loncu. Pokrijemo in kuhamo dokler se ne zgosti. Zgoščeno omako postrežemo poleg piščanca.

3. 4. del.

Italijanski piščanec s špageti, počasen kuhalnik

SESTAVINE

- 1 pločevinka (8 oz) paradižnikove omake
- 6-8 filejev piščančjih prsi brez kosti in kože
- 1 pločevinka (6 oz) paradižnikove paste
- 3 žlice vode
- 3 srednje velike stroke česna, sesekljane
- 2 žlički sesekljanih posušenih listov origana
- 1 čajna žlička sladkorja ali po okusu
- kuhani kuhani špageti
- 4 unče narezane mocarele
- nariban parmezan

PRIPRAVA

1. Po želji rjav piščanec v vročem olju; Odcedite in izdatno potresite s soljo in poprom. Piščanca razporedite v počasen kuhalnik. Zmešajte paradižnikovo omako, paradižnikovo pasto, vodo, česen, origano in sladkor; prelijemo čez piščanca. Pokrijte in kuhajte pri nizki temperaturi 6-8 ur. Odstranite piščanca in ga hranite na toplem. Štedilnik prižgemo na močan ogenj in v omako vmešamo mocarelo. Kuhajte odkrito, dokler se sir ne stopi in omaka segreje.
2. Piščanca in omako postrezite čez vroče, kuhane špagete. Postrezite s parmezanom.
3. Za 6-8 oseb.

Enostaven piščanec Stroganoff

SESTAVINE

-
- 1 skodelica smetane brez maščobe
- 1 žlica univerzalne moke Gold Metal Gold
- 1 zavitek piščančje omake (cca. 30 gramov)
- 1 kozarec vode
- 1 funt brez kosti, brez kože, narezan na 1-palčne kose
- 16 oz zamrznjene kalifornijske mešanice zelenjave, odmrznjene
- 1 skodelica narezanih gob, ocvrtih
- 1 skodelica zamrznjenega graha
- 10 unč krompirja, olupljenega in narezanega na 1-palčne kose, približno 2 srednje velika olupljena krompirja
- 1 1/2 skodelice mešanice piškotov Bisquick
- 4 zelene čebule, sesekljane (1/3 skodelice)
-

1/2 skodelice 1% posnetega mleka.

PRIPRAVA

1. V 3,5-5 litrski posodi zmešajte smetano, moko, mešanico omake in vodo do gladkega. Zmešajte piščanca, zelenjavo in gobe. Pokrijte in dušite 4 ure oziroma dokler se piščanec ne zmehča in se omaka zgosti. Dodajte grah. Vmešajte mešanico za kuhanje in čebulo. Mešajte mleko, dokler se ne navlaži. Mešanico po zaokroženih žlicah dodajajte mešanici piščanca in zelenjave. Pokrijte in kuhajte na visoki temperaturi 45-50 minut ali dokler zobotrebec, ki ga zapičite v sredino cmoka, ne izstopi čist.
2. Takoj postrezite 4 porcije.

Lilly's Slow Cooker Piščanec s sirovo omako

SESTAVINE

- 6 piščančjih prsi brez kosti in kože
- 2 pločevinki kremne piščančje juhe
- 1 pločevinka sirove juhe
- Sol, poper, česen v prahu po okusu

PRIPRAVA

1. Piščančje prsi potresemo s česnom v prahu, soljo in poprom.
2. V počasni kuhalnik položite 3 piščančje prsi. Vso juho premešamo; Prve 3 piščančje prsi prelijemo s polovico juhe.
3. Na vrh položite preostale 3 piščančje prsi. Zalijemo s preostalo juho.
4. Pokrijte in kuhajte pri nizki temperaturi 6-8 ur.

Mehiške piščančje prsi

SESTAVINE

- 2 žlici rastlinskega olja
- 3-4 piščančje prsi brez kosti in kože, narezane na 1-palčne kose
- 1/2 skodelice sesekljane čebule
- 1 zelena paprika (ali uporabite rdečo)
- 1 ali 2 majhni papriki jalapeno, sesekljani
- 3 stroki česna, sesekljani
- 1 pločevinka (4 oz.) sladkega čilija, nasekljanega
- 1 pločevinka (14 1/2 unč) mehiškega čilija ali na kocke narezanega pečenega paradižnika
- 1 čajna žlička posušenih listov origana
- 1/4 žličke mlete kumine
- mešanica naribanega mehiškega sira
- S.O.S

Izbirne konture

- Kisla smetana
- Guacamole
- sesekljano mlado čebulo
- Na kocke narezan paradižnik

- sesekljana solata
- narezane zrele olive
- koriander

PRIPRAVA

1. V veliki ponvi na srednje močnem ognju segrejte olje. Popečene piščančje prsi. Odstranite in odcedite.
2. V isti ponvi prepražimo čebulo, zeleno papriko, česen in jalapeno do mehkega.
3. V počasen kuhalnik dodajte mešanico piščančjih prsi in čebule.
4. V počasen kuhalnik dodajte čili, paradižnik, origano in kumino. Zmešajte.
5. Pokrijte in kuhajte pri nizki temperaturi 6-8 ur (3-4 ure pri visoki temperaturi).
6. Postrezite s toplimi tortiljami iz moke, naribanim sirom in salso ter vašimi najljubšimi prelivi in prelivi.
7. Guacamole ali kisla smetana sta lahko odličen preliv z narezano zeleno čebulo ali na kocke narezanim paradižnikom.

Pavlov piščanec s porom

SESTAVINE

- 3-4 kg piščančjih delov brez kosti
- 4-6 krompirjev, narezanih na približno 1/4 palca debelo
- 1 zavitek porove juhe
- 1 na tanke rezine narezan por ali 4 drobno sesekljane mlade čebule
- 1/2 do 1 skodelice vode
- Paprika
- začimbe •

PRIPRAVA

1. Na dno kuhalnika/lonca razporedimo krompir, dodamo čebulo ali por, nato še piščanca. (Če imate več plasti piščanca, dodajte sol in poper. Zgornje plasti še ne začinite.) Porovo juho mešajte cca. z 1/2 skodelice vode. prelijte vse. Zgornjo plast piščanca začinimo. Nato sem po vrhu posula malo paprike, da se je malo obarvala.

- Po želji dodamo še malo mletega česna in nekaj svežega rožmarina za začimbo.

Kuhajte 6-7 ur, po potrebi dodajte še vodo.

Omaka za žar

- 1 1/2 skodelice kečapa
- 4 žlice masla
- 1/2 skodelice Jack Daniels ali drugega visokokakovostnega viskija
- 5 žlic rjavega sladkorja
- 3 žlice melase
- 3 žlice jabolčnega kisa
- 2 žlici Worcestershire omake
- 1 žlica sojine omake
- 4 žličke dijonske gorčice ali gurmanske gorčice
- 2 žlički tekočega dima
- 1 1/2 žličke čebule v prahu
- 1 čajna žlička česna v prahu
- 1 žlica Sriracha ali več po okusu (lahko nadomestite približno 1 čajno žličko kajenskega popra)
- 1/2 čajne žličke mletega črnega popra

PRIPRAVA

1. Postavite 2 pekača, obložena z aluminijasto folijo; Popršite s pršilom za kuhanje proti prijemanju. Pečico segrejte na 425°.
2. Bedra zmešamo z moko, 1 žličko soli in 1/2 žličke popra.

3. Položimo na pladnje in pečemo 20 minut. Boben obrnemo in postavimo nazaj v pečico. Kuhajte še 20 minut oziroma do zlato rjave barve.
4. Medtem postavite vse sestavine omake v srednjo ponev; Dobro premešamo in na srednjem ognju zavremo.
5. Ogenj zmanjšamo in pustimo vreti 5 minut.
6. Palčke položite v skledo ali počasni štedilnik (če jih želite ohraniti tople za zabavo). Začinimo s približno polovico omake za žar. Takoj postrezite z omako ali nastavite počasen štedilnik na NIZKO, da ostane toplo. Če omake ne postrežete takoj, preostalo omako ohladite, dokler je ne pripravite za serviranje.
7. Stegna postrezite vroča, da jih pomakate v omako. Pri roki imejte veliko robčkov.
8. Ta recept naredi približno tri ducate, kar je dovolj za 6-8 oseb kot predjed.

Sherry piščanec in cmoki

SESTAVINE

- 4 kosi piščančjih prsi
- 2 pločevinki piščančje juhe (3 1/2 skodelice)
- 1 kozarec vode
- 3 kocke piščančje juhe ali enakovredne juhe ali peletov
- 1 manjši korenček narezan na majhne koščke
- 1 manjše steblo zelene, sesekljano
- 1/2 skodelice sesekljane čebule
- 12 velikih tortilj iz moke

PRIPRAVA

1. V počasnem kuhalniku zmešajte vse sestavine razen tortilj. Kuhajte na majhnem ognju 8-10 ur. Piščanca odstranimo, meso odstranimo s kosti in v večjem loncu na kuhalnik pristavimo juho. Piščančje prsi narežemo na manjše koščke in dodamo nazaj v juho na štedilnik. Kuhajte počasi.
2. Tortilje prerežemo na pol, nato pa jih narežemo na 2,5 cm debele trakove. Trakove dodajte v vrelo juho in med občasnim mešanjem kuhajte 15-20 minut. Juha se mora zgostiti, če pa je preveč tekoča, zmešajte 1 žlico koruznega škroba z dovolj vode, da se raztopi, in jo vmešajte v sok.
3. Kuhajte še 5-10 minut.
4. Nosite 4.

Piščanec na žaru v počasnem kuhalniku

SESTAVINE

- 3 polovice piščančjih prsi brez kosti
- 1 1/2 skodelice vroče omake za žar po želji in več za serviranje
- 1 srednja čebula, narezana ali sesekljana
- Popečeni sendviči
- Postrezite zeljno solato

PRIPRAVA

1. Piščančje prsi operemo in osušimo. Dodajte v počasni kuhalnik z 1 1/2 skodelice omake za žar in čebulo. Premešajte, da prekrijete piščanca. Pokrijte in kuhajte na visoki temperaturi 3 ure.
2. Piščančje prsi položite na krožnik in jih narežite ali raztrgajte. Narezan piščanec položite v omako v počasen kuhalnik. premešaj. Pokrijte in kuhajte še 10 minut.
3. Nastrganega piščanca postrezite na popečeni žemlji z zeljno solato in dodatno omako za žar.
4. Za 4-6 oseb.

Piščanec v počasnem kuhanju Dijon

SESTAVINE

-
- 1-2 kilograma piščančjih prsi
- 1 pločevinka kondenzirane kremne piščančje juhe, nerazredčena (10 1/2 unč)
- 2 žlici navadne ali zrnate dijonske gorčice
- 1 žlica koruznega škroba
- 1/2 skodelice vode
- Poper po okusu
- 1 čajna žlička posušenih peteršiljevih kosmičev ali 1 žlica sesekljanega svežega peteršilja

PRIPRAVA

1. Piščanca operemo in osušimo; postavite v počasni štedilnik. Juho zmešamo z gorčico in koruzo; Dodamo vodo in premešamo. Vmešajte peteršilj in poper. Mešanico prelijemo čez piščanca. Pokrijte in kuhajte pri nizki temperaturi 6-7 ur. Postrezite s kuhanim rižem in zelenjavo.
2. Piščanec Dijon recept za 4-6 oseb.

Piščanec na žaru v počasnem kuhalniku

SESTAVINE

- 3-4 kilogramske kose piščanca
- 1 velika čebula, grobo sesekljana
- 1 steklenica omake za žar

PRIPRAVA

1. Piščanca položite na dno štedilnika ali lonca ter dodajte čebulo in omako za žar. Kuhajte na NIZKI približno 6-8 ur ali dokler piščanec ni mehak, vendar ne razpade.
2. Za 4-6 oseb.

Piščančja stegna na žaru v počasnem kuhalniku

SESTAVINE

- 1/2 skodelice moke

- 1/2 čajne žličke česna v prahu

- 1 čajna žlička suhe gorčice

- 1 čajna žlička soli

- 1/4 čajne žličke popra

- 8 piščančjih nog

- 2 žlici rastlinskega olja

- 1 skodelica goste omake za žar

PRIPRAVA

1. V vrečko dajte moko, česen v prahu, gorčico, sol in poper. Postopoma dodajte piščanca in mešajte, dokler ni dobro prekrito. V veliki ponvi segrejte olje; Dodajte piščanca in zapecite vse strani. V skledo vlijemo polovico omake za žar. Dodajte piščanca, nato dodajte preostalo omako. Kuhajte 6-7 ur ali dokler se piščanec ne zmehča in se iz njega izcedi sok.

2. Za 4-6 oseb.

Omaka za testenine s piščančjo klobaso v počasnem kuhanju

SESTAVINE

- 1 žlica oljčnega olja
- 4 strok česna
- 1/2 skodelice sesekljane čebule
- 1 na majhne koščke narezana rdeča paprika
- 1 na majhne koščke narezana zelena paprika
- 1 manjša bučka, sesekljana
- 1 pločevinka (4 oz) gob
- 1 pločevinka dušenih paradižnikov z italijanskimi začimbami
- 1 pločevinka (6 oz) paradižnikove paste
- 3 sladke italijanske klobase
- 4 razpolovljene piščančje prsi brez kosti
- 1 čajna žlička italijanskih začimb •
- Kosmiči rdečega čilija, po okusu, po želji

PRIPRAVA

1. V ponvi segrejemo olje. Čebulo in česen prepražimo do rjave barve. Vzemi ven.
2. Dodajte klobaso; rjavo z vseh strani. Dodamo piščanca in pražimo, da porjavi. Odcedite odvečno maščobo. Klobaso narežite na 1-palčne kose. Vse ostale sestavine zmešajte s čebulo in česnom v počasnem kuhalniku. Dodajte klobase in

okrasite s piščančjimi trakovi. Pokrijte in kuhajte pri nizki temperaturi 4-6 ur, dokler piščanec ni mehak, vendar ne suh.
3. To okusno omako postrezite z vročimi kuhanimi testeninami.
4. Nosite 4.

Piščanec s curryjem v počasnem kuhanju

SESTAVINE

- 2 celi piščančji prsi, izkoščeni in narezani na kocke
- 1 pločevinka piščančje juhe
- 1/4 skodelice suhega šerija
- 2 žlici. maslo ali margarina
- 2 mladi čebuli, drobno sesekljani
- 1/4 žličke. curry v prahu
- 1 čajna žlička. Sol
- Ščepec popra
- vroč kuhan riž

PRIPRAVA

1. Dodajte piščanca v lonec. Dodajte vse ostale sestavine razen riža. Pokrijte in kuhajte pri nizki temperaturi 4-6 ur ali pri visoki temperaturi 2-3 ure. Postrežemo z vročim rižem.

Curry piščanec s počasi kuhanim rižem

SESTAVINE

- 4 piščančje prsi brez kosti in kože, narezane na 1-palčne trakove ali kose
- 2 veliki čebuli narezani na četrtine in na tanke rezine
- 3 stroki česna, sesekljani
- 1 žlica sojine ali tamari omake
- 1 čajna žlička Madras karija
- 2 žlički čilija v prahu
- 1 čajna žlička kurkume
- 1 čajna žlička mletega ingverja
- 1/3 skodelice piščančje juhe ali vode
- Sol in sveže mlet črni poper po okusu
- vroč kuhan riž

PRIPRAVA

1. Zmešajte vse sestavine razen riža v počasnem kuhalniku ali loncu/skledi.
2. Pokrijte in dušite, dokler se piščanec ne zmehča, 6 do 8 ur.
3. Okusite ter po potrebi dodajte sol in poper.
4. Postrezite z rižem ali testeninami

Piščančja enchilada v počasnem kuhanju

SESTAVINE

-
- 3 skodelice na kocke narezanega kuhanega piščanca
- 3 skodelice naribanega mehiškega poprovega sira, razdeljeno
- 1 pločevinka (4,5 oz.) sesekljanega zelenega čilija
- 1/4 skodelice sveže sesekljanega cilantra
- 1 1/2 skodelice smetane, razdeljeno
- 8 tortilj iz moke (8 palcev)
- 1 skodelica paradižnikove omake
- Priporočeni dodatki: na kocke narezan paradižnik, narezana zelena čebula, zrele olive, jalapeno kolobarji, sveže sesekljan koriander

PRIPRAVA

1. Rahlo namastite oblogo 4-6 litrskega počasnega kuhalnika.
2. V skledi zmešajte na kocke narezanega piščanca z 2 skodelicama naribanega sira, sesekljanim zelenim čilijem, 1/4 skodelice sesekljanega cilantra in 1/2 skodelice kisle smetane; zmešajte sestavine.
3. Nekaj piščančje mešanice nalijte na sredino tortilj in mešanico enakomerno porazdelite med vseh osem tortilj. Zvijte jih in jih s šivi navzdol položite v pripravljen počasni kuhalnik.
4. Po potrebi zložimo tortilje.
5. V manjši skledi zmešajte preliv s preostalo 1 skodelico kisle smetane. Z mešanico prelijemo tortilje.
6. Pokrijte in kuhajte pri nizki temperaturi 4 ure. Na tortiljo potresemo preostali nariban sir. Pokrijte in kuhajte na NIZKI nadaljnjih 20-30 minut.
7. Za 4-6 oseb.

Počasi kuhan piščančji frikase z zelenjavo

SESTAVINE

- 4-6 filejev piščančjih prsi brez kosti in kože

- Sol in poper po okusu

- 2 žlici masla

- 2 stroka česna, sesekljana

- 3 žlice večnamenske moke

- 2 skodelici piščančje juhe z nizko vsebnostjo natrija

- 1 čajna žlička posušenih listov timijana

- 1/2 čajne žličke posušenih pehtranovih listov

- 3-4 korenčke, narezane na 5 cm velike kose

- 2 čebuli, prepolovljeni in na debelo narezani

- 2 večja pora, samo beli del, operemo in nasekljamo

- 1 lovorjev list

- 1/2 skodelice pol-pol ali svetle smetane

- 1 1/2 skodelice zamrznjenega graha, odmrznjenega

PRIPRAVA

1. Piščančje prsi operemo in osušimo. Izpustil si me. Na maslu minuto pražimo sesekljan česen, dodamo moko in pražimo do gladkega. Dodajte juho (namesto juhe lahko uporabite 1/4 skodelice suhega belega vina ali šerija), timijan in pehtran ter mešajte, dokler ne dobite goste zmesi. Dodajte čebulo, korenje, piščanca in nato por v Crock Pot; Vse skupaj prelijemo z omako. Dodajte lovorjev list. Pokrijte in kuhajte pri nizki temperaturi 6-7 ur ali pri visoki temperaturi 3-5 ur.
2. Če ima nizko vrelišče, vmešajte grah na pol in pol in pustite, da se stopi. Pokrijte in kuhajte še 15 minut, da se grah segreje. Okusite in prilagodite začimbe. Pred serviranjem odstranite lovorjev list.
3. Za 4-6 oseb.

Piščanec, ocvrt v počasnem kuhalniku v pikantni omaki

SESTAVINE

- 1/2 sekunde paradižnikovega soka
- 1/2 sekunde sojine omake
- 1/2 s rjavega sladkorja
- 1/4 sekunde piščančje juhe
- 3 stroki česna, sesekljani
- 3-4 kg kosov piščanca brez kože

PRIPRAVA

1. Vse sestavine razen piščanca zmešajte v globoki skledi. Vsak kos piščanca potopite v omako. Dodajte v počasni kuhalnik. Prelijemo s preostalo omako. Kuhamo na majhnem ognju 6-8 ur, na močnem pa 3-4 ure.
2. 6 obrokov.

Piščanec Madras v počasnem kuhanju s karijem v prahu

SESTAVINE

- 3 rdeče čebule, narezane na tanke rezine
- 4 jabolka, olupljena, razrezana in na tanke rezine narezana
- 1 čajna žlička soli
- 1 ali 2 žlički karija ali po okusu
- 1 kos ocvrtega piščanca, narezanega na koščke
- Paprika

PRIPRAVA

1. V skledi združite čebulo in jabolko; Potresemo s soljo in karijem. Dobro premešamo. Na mešanico čebule položite piščanca s kožo navzgor. Izdatno potresemo s papriko.
2. Pokrijte in kuhajte na nizki temperaturi 6-8 ur, dokler se piščanec ne zmehča.
3. Okusite in po potrebi dodajte dodatne sestavine.
4. Nosite 4.

Počasi kuhan piščanec z gobami

SESTAVINE

- 6 piščančjih prsi brez kosti in kože
- 1 1/4 čajne žličke soli
- 1/4 čajne žličke popra
- 1/4 žličke paprike
- 1 3/4 čajne žličke piščančje juhe, aromatizirane v peletih ali na osnovi piščanca
- 1 1/2 skodelice narezanih svežih gob
- 1/2 skodelice zelene čebule, narezane, z zelenjem
- 1/2 kozarca suhega belega vina
- 1/2 skodelice kondenziranega mleka
- 5 žličk koruznega škroba
- sesekljan svež peteršilj

PRIPRAVA

1. Piščanca operemo in osušimo. V skledi zmešamo sol, poper in papriko. Zmes vtrite po celem piščancu. V počasnem kuhalniku izmenično segrevajte piščanca, gobe ali osnovo, gobe in čaj. Vino počasi prilivamo. Ne mešajte sestavin. Pokrijte in kuhajte na visoki temperaturi 2 1/2 do 3 ure ali na nizki temperaturi 5 do 6 ur ali dokler piščanec ni mehak, vendar ne razpade.

2. Z žlico z režami prenesite piščanca in zelenjavo v skledo ali krožnik. Pokrijte z aluminijasto folijo in hranite piščanca na toplem. V majhni ponvi zmešajte kondenzirano mleko in koruzni škrob ter mešajte, dokler ni gladka. Postopoma prilijemo 2 skodelici tekočine od kuhanja. Na srednjem ognju mešamo in zavremo; Nadaljujte s kuhanjem 1 minuto ali dokler se ne zgosti. Piščanca prelijemo z nekaj omake in po želji okrasimo s peteršiljem. Postrežemo z vročim rižem ali testeninami po želji.

Cordon Bleu. počasno kuhanje

SESTAVINE

- 6 polovic piščančjih prsi brez kosti in kože – drobno nasekljane, da se rahlo sploščijo
- 6 tankih rezin šunke
- 6 tankih rezin švicarskega sira
- 1/4 do 1/2 skodelice moke za oblaganje
- 1/2 kilograma narezanih gob
- 1/2 skodelice piščančje juhe
- 1/2 skodelice suhega belega vina (ali uporabite piščančjo osnovo)
- 1/2 čajne žličke sesekljanega rožmarina
- 1/4 skodelice naribanega parmezana
- Zmešajte 2 čajni žlički koruznega škroba z 1 žlico hladne vode
- Sol in poper po okusu

PRIPRAVA

1. Na vsako sploščeno piščančjo prso položite rezino šunke in rezino sira ter zvijte. Pričvrstite z zobotrebcem in vsakega povaljajte v moki. V počasen kuhalnik dodajte gobe, nato pa piščančje prsi. Vmešajte zalogo, vino (če uporabljate) in rožmarin; prelijemo čez piščanca. Potresemo s parmezanom. Pokrijte in kuhajte na majhnem ognju 6-7 ur. Odstranite piščanca tik pred serviranjem; naj bo topel

2. Mešanico koruznega škroba dodajte sokovom v počasnem kuhalniku. mešamo dokler se ne zgosti. Začinite s soljo in poprom, nato poskusite in ustrezno prilagodite začimbe. Omako prelijemo čez piščančje prsi in postrežemo.
3. Vrata 6.

Piščanec Dijon v počasnem kuhalniku

SESTAVINE

-
- 4 polovice piščančjih prsi brez kosti
-
- 1 žlica dijonske gorčice z medom
- Sol in grobo mlet črni poper ali piment
- 2 paketa (po 8 unč) mlade špinače ali 1 funt svežih listov špinače, opranih in posušenih
- 2 žlici nasekljanega masla
- Drobno sesekljan svež koriander ali peteršilj, po želji
-
  praženi mandlji, narezani, po želji •

PRIPRAVA

1. Namastite počasen štedilnik ali ga poškropite s pršilom za kuhanje proti prijemanju.
2. Piščančje prsi operemo in osušimo.
3. Piščanca namažite z medeno gorčico; Solimo in popramo.
4. Piščančje prsi razporedite v počasni kuhalnik. Okrasimo s špinačo.
5. Če je kuhalnik premajhen za vso špinačo, na kratko prevremo in dodamo zvite špinačne liste.
6. Špinačo zmešamo z maslom ter začinimo s soljo in poprom.
7.
8. Preden postrežemo, okrasimo s koriandrom ali peteršiljem ali potresemo s praženimi mandlji.
9. Pokrijte in kuhajte pri nizki temperaturi 5-6 ur.

• Mandlje popečemo tako, da jih postavimo v suho ponev na srednji ogenj. Med stalnim mešanjem kuhajte, dokler ne postane rahlo zlate in dišeče.

Piščanec z limono v počasnem kuhalniku

SESTAVINE

- 1 hrbet, narezan na koščke, ali približno 3 1/2 funte kosov piščanca
- 1 čajna žlička zdrobljenih posušenih listov origana
- 2 stroka česna, sesekljana
- 2 žlici masla
- 1/4 skodelice suhega vina, šerija, piščančje juhe ali vode
- 3 žlice limoninega soka
- Sol poper

PRIPRAVA

1. Kose piščanca začinimo s soljo in poprom. Po piščancu potresemo polovico česna in origano.
2. V ponvi na zmernem ognju raztopite maslo in piščanca popečete z vseh strani.
3. Piščanca prestavimo v lonec. Potresemo z origanom in preostalim česnom. V ponev dodajte vino ali šeri in premešajte, da se rjavi koščki sprostijo. Nalijte v počasen kuhalnik.
4. Pokrijte in kuhajte na NIZKI (200°) 7-8 ur. V zadnji uri dodajte limonin sok.
5. Posnemite maščobo iz ponve in jo vlijte v skledo. Sokove po želji zgostimo.
6. Piščanca postrezite s sokom.
7. Nosite 4.

Počasi kuhan vlečeni piščanec
SESTAVINE

- 1 žlica masla

- 1 skodelica sesekljane čebule

- 1/2 čajne žličke mletega česna

- 1 1/2 skodelice kečapa

- 1/2 skodelice marelične marmelade ali marelične konzerve

- 3 žlice jabolčnega kisa

- 2 žlici Worcestershire omake

- 2 žlički tekočega dima

- 2 žlici melase

- ščepec pimenta

- 1/4 čajne žličke sveže mletega črnega popra

- 1/8-1/4 čajne žličke mletega kajenskega popra

- 1 kilogram piščančjih prsi brez kosti

- 1 kilogram piščančjih nog brez kosti

PRIPRAVA

1. V srednji ponvi na srednjem ognju stopite maslo. Ko maslo začne cvrčati, dodamo sesekljano čebulo in med mešanjem pražimo toliko časa, da se čebula zmehča in rahlo zlato porumeni. Dodamo sesekljan česen in med mešanjem kuhamo približno 1 minuto. Dodajte kečap, marelično marmelado, kis, Worcestershire omako, tekoči dim, melaso, piment, črni in kajenski poper. Pustite vreti 5 minut.
2. V počasen kuhalnik nalijte 1 1/2 skodelice omake.
3. Preostalo omako prihranite; Prenesite v skledo in ohladite do serviranja. Dodajte koščke piščanca v počasni kuhalnik. Pokrijte in kuhajte pri nizki temperaturi 4 1/2 do 5 ur ali dokler piščanec ni zelo mehak in zlahka razpade. Kose piščanca raztrgajte z vilicami.
4. Postrezite na popečenih sendvičih z zeljno solato in dodatno omako za žar.
5. Na jedilniku je lahko krompirjeva solata ali pečen krompir ter fižol, kumare in rezine paradižnika. Všeč mi je zeljna solata in kisle kumarice na žaru, druge priloge pa lahko vključujejo kolobarje jalapena, na tanke rezine narezano rdečo čebulo, navadno zelje in na kocke narezane paradižnike ali kumare.
6. Vrata 8.

Prekajena klobasa in zelje

SESTAVINE

- 1 manjši ohrovt, grobo narezan

- 1 velika čebula, grobo sesekljana

- 1 1/2 do 2 funta poljske ali prekajene klobase kielbasa, narezane na 1- do 2-palčne kose

- 1 kozarec jabolčnega soka

- 1 žlica dijonske gorčice

- 1 žlica jabolčnega kisa

- 1 ali 2 žlici rjavega sladkorja

- 1 čajna žlička kumine, po želji

- Poper po okusu

PRIPRAVA

1. Zelje, čebulo in klobaso dajte v 5- ali 6-litrski počasen kuhalnik (uporabite manj zelja ali blitve za 3 1/2-litrski lonec, kuhajte približno 10 minut, nato odcedite in dodajte). Zmešajte sok, gorčico, kis, rjavi sladkor in kumino (če uporabljate); Sestavine vlijemo v počasni kuhalnik. Po okusu potresemo s poprom. Pokrijte in kuhajte na majhnem ognju 8-10 ur. Po želji postrežemo s krompirčkom in zeleno solato.

Španski piščanec z rižem

SESTAVINE

- 4 polovice piščančjih prsi brez kože
- 1/4 čajne žličke soli
- 1/4 čajne žličke popra
- 1/4 žličke paprike
- 1 žlica rastlinskega olja
- 1 srednje velika rdeča čebula, sesekljana
- 1 manjša rdeča paprika, sesekljana (ali sesekljana pečena rdeča paprika)
- 3 stroki česna, sesekljani
- 1/2 čajne žličke posušenega rožmarina
- 1 pločevinka (14 1/2 oz) na kocke narezanega paradižnika
- 1 paket (10 unč) zamrznjenega graha

PRIPRAVA

1. Piščanca začinimo s soljo, poprom in papriko. V ponvi na zmernem ognju segrejemo olje in popečemo piščanca z vseh strani. Piščanca prenesite v počasen kuhalnik.
2. Preostale sestavine, razen zamrznjenega graha, zmešamo v manjši skledi. Prelijemo čez piščanca. Pokrijte in kuhajte pri nizki temperaturi 7-9 ur ali pri visoki temperaturi 3-4 ure. Uro pred serviranjem sperite grah v cedilu pod toplo vodo, da se odmrzne, nato pa ga dodajte v lonec. To jed s piščancem postrezite na vročem rižu.

Tami piščančja bedra na žaru

SESTAVINE

- 6-8 zamrznjenih piščančjih krač

- 1 steklenica goste omake za žar

PRIPRAVA

1. Zamrznjena piščančja stegna položite v počasni kuhalnik. Prelijemo z žar omako. Pokrijte in kuhajte na visoki temperaturi 6-8 ur.
2. • Opomba: če začnete z odmrznjenimi piščančjimi stegni, jim lahko najprej odstranite kožo ali jih skuhate na pari, da zmanjšate maščobo, nato pa jih kuhajte 6-8 ur na NIZKI.

Tami's Crockpot Chicken Mozzarella

SESTAVINE

- 4 četrtine piščančjih nog
- 2 žlici česnovo-poprove začimbe
- 1 pločevinka bučk s paradižnikovo omako
- 4 unče narezane mocarele

PRIPRAVA

1. Piščanca položite v počasni kuhalnik in premažite z omako. Čez piščanca prelijemo bučke s paradižnikovo omako. Pokrijte in kuhajte pri nizki temperaturi 6-8 ur. Potresemo s sirom in pečemo, dokler se sir ne stopi, približno 30 minut.

Beli piščančji čili

SESTAVINE

- 4 piščančje prsi brez kosti in kože, narezane na 1/2-palčne kose
- 1/2 skodelice sesekljane zelene
- 1/2 skodelice sesekljane čebule
- 2 pločevinki (po 14,5 unč) narezanih dušenih paradižnikov
- 16 oz. med. Salsa ali vroča omaka
- 1 pločevinka čičerike ali fižola, odcejena
- 6-8 oz. narezane gobe
- Olivno olje

PRIPRAVA

1. Piščanca prepražimo na 1 žlici oljčnega olja. Zeleno, čebulo in gobe narežemo na majhne koščke. Združite vse sestavine v velikem počasnem kuhalniku; Premešamo in kuhamo 6-8 ur. Postrezite s toastom ali takosi. • Če imate radi pekočo omako, uporabite pekočo omako ali pekočo omako.

Piščanec in črni fižol v počasnem kuhanju

SESTAVINE

- 3-4 na trakove narezane piščančje prsi brez kosti
- 1 pločevinka (12-15 oz) koruze, odcejene
- 1 pločevinka (15 unč) črnega fižola, opranega in odcejenega
- 2 žlički mlete kumine
- 2 žlički čilija v prahu
- 1 čebulo prepolovite in na tanko narežite
- 1 na trakove narezana zelena paprika
- 1 pločevinka (14,5 oz) na kocke narezanega paradižnika
- 1 pločevinka (6 oz) paradižnikove paste

PRIPRAVA

1. Vse sestavine zmešajte v počasnem kuhalniku. Pokrijte in kuhajte na majhnem ognju 5-6 ur.
2. Po okusu okrasite z naribanim sirom. Postrezite fiesto s piščancem in črnim fižolom s toplimi tortiljami iz moke ali čez riž.
3. Nosite 4.

Piščanec in začimbe, počasni kuhalnik

SESTAVINE

- 1 vrečka začinjene mešanice za nadev, 14-16 oz
- 3-4 skodelice na kocke narezanega kuhanega piščanca
- 3 pločevinke piščančje juhe
- 1/2 skodelice mleka
- 1 ali 2 skodelici blagega sira cheddar, naribanega

PRIPRAVA

1. Nadev pripravimo po navodilih na embalaži in ga damo v 5-litrski lonec. Vmešajte 2 pločevinki kremne piščančje juhe. V skledi zmešamo piščančje kocke, 1 škatlo piščančje smetane in mleko. Nadev razporedite po počasnem kuhalniku. Po vrhu potresemo sir. Pokrijte in kuhajte na nizki temperaturi 4-6 ur ali na visoki temperaturi 2-3 ure.
2. Za 6-8 oseb.

Piščanec in gobe, počasen kuhalnik

SESTAVINE

- 6 piščančjih prsi brez kosti in kože
- 1 1/4 žličke. Sol
- 1/4 žličke. poper
- 1/4 žličke. paprika
- 2 žlički piščančjih jušnih zrnc
- 1 1/2 skodelice narezanih gob
- 1/2 skodelice sesekljane zelene čebule
- 1/2 kozarca suhega belega vina
- 2/3 skodelice kondenziranega mleka
- 5 kosov. koruzni škrob
- Sveže narezan peteršilj
- vroč kuhan riž

PRIPRAVA

1. V majhni skledi zmešajte sol, poper in papriko. Zmes vtrite po celem piščancu.
2. V počasnem kuhalniku izmenično kuhajte piščanca, jušne pelete, gobe in zeleni čaj. Zalijemo z vinom. NI LUŠTNO.
3. Pokrijte in kuhajte na VISOKI 2 1/2-3 ure ali na NIZKE 5-6 ur ali dokler piščanec ni mehak, vendar ne odpade s kosti. Če je mogoče, jih na polovici časa pečenja premažite z maslom.
4. Z žlico z režami prenesite piščanca in zelenjavo na krožnik.

5. Pokrijemo s folijo in pustimo na toplem.
6. V majhni ponvi zmešajte kondenzirano mleko in koruzni škrob do gladkega. Postopoma prilijemo 2 skodelici tekočine od kuhanja. Na zmernem ognju, med mešanjem zavrite in kuhajte, dokler se ne zgosti, 1-2 minuti.
7. Piščanca prelijemo z nekaj omake in okrasimo s sesekljanim peteršiljem. Preostalo omako postrezite posebej.
8. Postrežemo ga s kuhanim rižem.

Piščanec in parmezanov riž, počasen kuhalnik

SESTAVINE

- 1 zavitek mešane čebulne juhe
- 1 pločevinka (10 3/4 oz.) koncentrata gobove juhe z zmanjšano vsebnostjo maščob
- 1 pločevinka (10 3/4 oz) kondenzirane piščančje juhe z nizko vsebnostjo maščob
- 1 1/2 skodelice mleka z nizko vsebnostjo maščobe ali brez maščobe
- 1 kozarec suhega belega vina
- 1 skodelica belega riža
- 6 piščančjih prsi brez kosti in kože
- 2 žlici masla
- 2/3 skodelice naribanega parmezana

PRIPRAVA

1. Zmešajte čebulno juho, velouté, mleko, vino in riž. Glinena pršilna posoda, npr. Piščančje prsi damo v skledo, okrasimo z 1 žličko masla, prelijemo z jušno mešanico in potresemo s parmezanom. Kuhajte na majhnem ognju 8-10 ur ali največ 4-6 ur. Vrata 6.

Piščanec in kozice

SESTAVINE

- 2 kg piščančjih stegen in prsi brez kosti in kože, narezanih na kose
- 2 žlici ekstra deviškega oljčnega olja
- 1 skodelica sesekljane čebule
- 2 stroka česna, sesekljana
- 1/4 skodelice sesekljanega peteršilja
- 1/2 kozarca belega vina
- 1 velika pločevinka (15 oz) paradižnikove omake
- 1 čajna žlička posušenih listov bazilike
- 1 kilogram surovih kozic, očiščenih in razrezanih
- Sol in sveže mlet črni poper po okusu
- 1 kilogram fettuccina, linguina ali špagetov

PRIPRAVA

1. Segrejte oljčno olje v veliki ponvi ali ponvi proti prijemanju na srednje močnem ognju. Dodamo kose piščanca in pražimo, da rahlo porjavijo. Odstranite piščanca iz počasnega kuhalnika.
2. V ponev vlijemo malo olja in pražimo čebulo, česen in peteršilj približno 1 minuto. Odstavite z ognja in dodajte vino, paradižnikovo omako in posušeno baziliko. Z mešanico prelijemo piščanca v počasnem kuhalniku.
3. Pokrijte in kuhajte pri nizki temperaturi 4-5 ur.

4. Stresemo v kozico, pokrijemo in kuhamo NA NIZKI še eno uro.
5. Začinite s soljo in sveže mletim črnim poprom.
6. Tik pred kuhanjem testenine skuhamo v slani vodi, kot je navedeno na embalaži.

Recept za piščanca in nadev

SESTAVINE

- 4 piščančje prsi brez kosti in kože
- 4 rezine švicarskega sira
- 1 pločevinka (10 1/2 oz) kremne piščančje juhe
- 1 pločevinka (10 1/2 oz) koncentrata gobove juhe
- 1 skodelica piščančje juhe
- 1/4 skodelice mleka
- 2-3 skodelice zelenjavne mešanice za nadev Pepperidge Farm ali domače mešanice za nadev
- 1/2 skodelice stopljenega masla • Glejte Sandyjine zapiske
- Sol in poper po okusu

PRIPRAVA

1. Piščančje prsi začinite s soljo in poprom; Piščančje prsi položite v počasni kuhalnik.

2. Piščančje prsi prelijemo s piščančjo juho.

3. Na vsako prsi položite rezino švicarskega sira.

4. Zmešajte obe pločevinki juhe in mleka. Piščančje prsi premažite z mešanico juhe.

5. Vse skupaj pokapljamo z mešanico za nadev. Nanjo namažemo stopljeno maslo.

6. Kuhajte na majhnem ognju 6-8 ur.

Piščančje prsi v kreolsko-kreolski omaki

SESTAVINE

- 1 šopek mlade čebule (6-8, z večino zelenega dela)
- 2 rezini slanine
- 1 čajna žlička kreolskih ali cajunskih začimb
- 3 žlice masla
- 4 žlice moke
- 3/4 skodelice piščančje juhe
- 1 ali 2 žlici paradižnikove mezge
- 4 polovice piščančjih prsi brez kosti
- 1/4 do 1/2 ½ skodelice ali 1/2 skodelice mleka

PRIPRAVA

1. V ponvi na srednje nizkem ognju stopite maslo. Dodamo čebulo in slanino, pražimo in mešamo 2 minuti. Dodamo moko, premešamo in kuhamo še 2 minuti. Dodajte piščančjo juho; kuhamo, dokler se ne zgosti, nato dodamo paradižnikovo mezgo. Piščančje prsi postavite v kuhalnik/počasen kuhalnik. Dodajte mešanico omake. Pokrijte in kuhajte na nizki temperaturi 6-7 ur, po 3 urah pa premešajte. Dodajte mleko približno 20-30 minut, preden nadaljujete. Postrezite čez testenine ali riž.
2. Nosite 4.

Čili piščanec s hominijem

SESTAVINE

- 2 funta piščančjih prsi brez kosti in kože, narezanih na 1 do 1 1/2-palčne kose
- 1 srednje velika rdeča čebula, sesekljana
- 3 stroki česna, na tanke rezine
- 1 pločevinka (15 oz) bele hominije, odcejene
- 1 pločevinka (14 oz) na kocke narezanega paradižnika, odcejenega
- 1 pločevinka (28 oz) paradižnika, odcejenega in narezanega
- 1 pločevinka (4 oz) zelenega čilija

PRIPRAVA

1. Združite vse sestavine v počasnem kuhalniku; zmešajte vse sestavine. Pokrijte in kuhajte na nizki temperaturi 7-9 ur ali na visoki temperaturi 4-4,5 ure.
2. Za 4-6 oseb.

Piščančje veselje

SESTAVINE

- 6-8 filejev piščančjih prsi brez kosti in kože
- Limonin sok
- Sol in poper po okusu
- Sol zelene ali aromatizirana sol po okusu
- Paprika po okusu
- 1 škatla zelene kreme
- 1 pločevinka gobove juhe
- 1/3 skodelice suhega belega vina
- nariban parmezan po okusu
- kuhan riž

PRIPRAVA

1. Izperite piščanca; suho Začinite z limoninim sokom, soljo, poprom, soljo zelene in papriko. Piščanca postavite v počasen kuhalnik. V srednje veliki skledi zmešajte juho in vino. Prelijemo čez piščančje prsi. Potresemo s parmezanom. Pokrijte in kuhajte na majhnem ognju 6-8 ur. Piščanca z omako postrežemo čez kuhan riž in potresemo s parmezanom.
2. Za 4-6 oseb.

Piščančja enchilada v počasnem kuhanju

SESTAVINE

- 1 paket. Piščančje prsi (1-1 1/2 kilograma)
- 1 steklenica piščančje omake
- 1 4-unčna pločevinka sesekljanega zelenega čilija
- 1 čebula, sesekljana
- Koruzna tortilja
- Nariban sir

PRIPRAVA

1. V počasnem kuhalniku zmešajte piščanca, omako, čili poper in sesekljano čebulo. Pokrijte in kuhajte pri nizki temperaturi 5-6 ur. Piščanca vzamemo iz omake in narežemo. Koruzne tortilje napolnite s piščancem in salso. Potresemo z naribanim sirom in zvijemo. Dajte v ponev. Prelijemo z odvečno omako in potresemo z naribanim sirom. Pečemo pri 350 stopinjah približno 15-20 minut.
2. Za 4-6 oseb.

Piščanci iz Las Vegasa

SESTAVINE

- 6 piščančjih prsi brez kosti in kože
- 1 pločevinka gobove juhe
- 1/2 pinta. kisla smetana
- 1 kozarec (6 oz.) suhe mlete govedine

PRIPRAVA

1. Zmešamo juho, smetano in suho meso. Piščanca vrzite v mešanico in dobro premažite; postavljeno v posodo. Preostalo zmes prelijemo čez piščanca. Pokrijte in kuhajte na nizki temperaturi 5-7 ur, dokler piščanec ni mehak, vendar ne suh. Postrezite z vročim rižem ali rezanci.
2. Vrata 6.

Piščanec Paris za počasni kuhalnik

SESTAVINE

- 6-8 piščančjih prsi

- Sol, poper in paprika

- 1/2 kozarca suhega belega vina

- 1 pločevinka (10 1/2 oz.) gobove smetane

- 8 unč narezanih gob

- 1 kozarec kisle smetane

-
1/4 skodelice moke

PRIPRAVA

1. Piščančje prsi začinimo s soljo, poprom in papriko. Postavili smo ga v počasen kuhalnik. Mešajte z vinom, osnovo in gobami, dokler se dobro ne povežejo. Prelijemo čez piščanca. Potresemo s papriko. Pokrijte in dušite 6-8 ur, dokler piščanec ni mehak, vendar ne presuh. Sladko smetano in moko zmešamo; dajte v posodo. Pustite vreti še 20 minut, da se vse skupaj segreje.
2. Postrezite z rižem ali testeninami.
3. Za 6-8 oseb.

Chicken Reuben Casserole Slow Cooker

SESTAVINE

- 32 unč kislega zelja (v kozarcu ali vrečki), splaknjenega in odcejenega
- 1 skodelica ruske omake
- 4-6 filejev piščančjih prsi brez kosti in kože
- 1 žlica pripravljene gorčice
- 1 skodelica naribanega švicarskega ali Monterey Jack sira

PRIPRAVA

1. Polovico kislega zelja razporedimo po dnu posode. Prelijemo z 1/3 skodelice preliva; Na vrh položite 2 ali 3 piščančje prsi in piščanca namažite z gorčico. Okrasite s preostalim kislim zeljem in piščančjimi prsmi; Vse prelijemo z drugo skodelico omake, preostalo omako pa pustimo za serviranje.
2. Pokrijte in dušite, dokler se piščanec ne zmehča, približno 4 ure. Potresemo s švicarskim sirom in kuhamo, dokler se sir ne stopi.
3. Postrežemo s prihranjeno omako.
4. Za 4-6 oseb.

Piščanec z borovnicami

SESTAVINE

-
- 6 filejev piščančjih prsi brez kosti in kože

-
- 1 majhna čebula, drobno sesekljana

-
- 1 skodelica svežih borovnic

-
- 1 čajna žlička soli

-
- 1/4 čajne žličke mletega cimeta

-
- 1/4 čajne žličke mletega ingverja

-
- 3 žlice rjavega sladkorja ali medu

-
- 1 skodelica pomarančnega soka

- 3 žlice moke zmešamo z 2 žlicama hladne vode

PRIPRAVA

1. Dodajte vse sestavine razen mešanice moke in vode v štedilnik ali počasen kuhalnik. Pokrijte in dušite 6-7 ur, dokler se piščanec ne zmehča. V zadnjih 15-20 minutah dodajte mešanico moke in kuhajte, dokler se ne zgosti. Okusite in prilagodite začimbe.
2. Nosite 4.

Piščanec z omako in omako, počasen kuhalnik

SESTAVINE

- 1 paket (6 unč) začinjenih drobtin za nadev ("mešanica za nadev na štedilniku")
- 1 velik krompir, narezan na majhne kocke
- 1 mlada čebula, sesekljana
- 2 palčki zelene, sesekljane
- 1/2 skodelice vode
- 3 žlice masla, razdeljeno
- 1 čajna žlička začimb za perutnino, razdeljena
- 1 do 1 1/2 funta piščančjih kotletov ali prsi brez kosti
- 1 kozarec (12 oz) piščančje omake, npr. Domača piščančja omaka B. Heinz

PRIPRAVA

1. V pomaščenem ali rahlo naoljenem glinenem loncu zmešajte drobtine za nadev z narezanim krompirjem, zeleno čebulo, zeleno, 2 žlicama stopljenega masla in 1/2 skodelice vode. Potresemo s približno pol žličke začimb za perutnino. Zgornji nadev s kosi piščanca; Začinimo s preostalim maslom in začimbami za perutnino. Z omako prelijemo piščanca. Pokrijte in kuhajte na majhnem ognju 6-7 ur.

Piščanec s testeninami in dimljenim sirom gauda

SESTAVINE

- 1 1/2 kilograma mehkega piščanca brez kosti
- 2 manjši buči, prepolovite in narežite na 1/4-palčne debele rezine
- 1 paket mešanice piščančje juhe (približno 1 unča)
- 2 žlici vode
- Sol in poper po okusu
- ščepec mletega muškatnega oreščka, najbolje svežega
- 8 oz dimljenega sira gauda, naribanega
- 2 žlici kondenziranega mleka ali tekoče smetane
- 1 večji paradižnik, sesekljan
- 4 skodelice kuhanih testenin ali majhnih testenin v školjkah

PRIPRAVA

1. Piščanca narežite na 1-palčne kocke; postavljeno v posodo. Dodamo bučke, omako, vodo in začimbe. Pokrijte in kuhajte

na majhnem ognju 5-6 ur. Zadnjih 20 minut oziroma med kuhanjem testenin dodamo dimljeno gavdo, mleko ali smetano in narezan paradižnik. Primešamo vroče kuhane testenine.
2. Recept s piščancem za 4 osebe.

Piščanec s čebulo in gobami, počasen kuhalnik

SESTAVINE

- 4-6 piščančjih prsi brez kosti, narezanih na 1-palčne kose
- 1 pločevinka (10 3/4 oz) piščančje smetane ali piščančje in gobove juhe
- 8 unč narezanih gob
- 1 vrečka (16 unč) zamrznjene šalotke
- Sol in poper po okusu
- Peteršilj, sesekljan, za okras

PRIPRAVA

1. Piščanca operemo in osušimo. Narežite na 1/2-palčne kose in položite v veliko skledo. Dodajte juho, gobe in čebulo; Zmešajte. Vložek počasnega kuhalnika popršite s pršilom za kuhanje.
2. Dodajte piščančjo mešanico v lonec in jo začinite s soljo in poprom.
3. Pokrijte in kuhajte pri nizki temperaturi 6-8 ur, po možnosti na polovici kuhanja premešajte.
4. Okrasite s svežim sesekljanim peteršiljem in postrezite s kuhanim kuhanim rižem ali krompirjem.
5. Za 4-6 oseb.

Piščanec z ananasom

SESTAVINE

- 1 do 1 1/2 lb piščančjih kepic, narezanih na 1-palčne kose
- 2/3 skodelice ananasove marmelade
- 1 jušna žlica in 1 čajna žlička teriyaki omake
- 2 tanko narezana stroka česna
- 1 žlica sesekljane suhe čebule (ali 1 šopek sesekljane sveže šalotke)
- 1 žlica limoninega soka
- 1/2 čajne žličke mletega ingverja
- ščepec kajenskega popra po okusu
- 1 paket (10 unč) kandiranega graha, odmrznjenega

PRIPRAVA

1. Kose piščanca položite v počasni štedilnik/štedilnik.
2. Zmešajte konzerve, teriyaki omako, česen, čebulo, limonin sok, ingver in kajensko peko; Dobro premešamo. Prelijemo čez piščanca in stresemo v plašč.
3. Pokrito dušimo 6-7 ur. V zadnjih 30 minutah dodajte grah.
4. Nosite 4.

Captain Country Chicken

SESTAVINE

- 2 srednji jabolki Granny Smith, brez peščic in narezani na kocke (neolupljeni)
- 1/4 skodelice sesekljane čebule
- 1 manjša zelena paprika brez semen in sesekljana
- 3 stroki česna, sesekljani
- 2 žlici rozin ali ribeza
- 2 ali 3 čajne žličke karija
- 1 čajna žlička mletega ingverja
- 1/4 žličke mlete rdeče paprike ali po okusu
- 1 pločevinka (približno 14 1/2 unč) na kocke narezanega paradižnika
- 6 piščančjih prsi brez kosti in kože
- 1/2 skodelice piščančje juhe
- 1 skodelica belega riža, spremenjenega v dolgozrnati riž
- 1 kg srednjih ali velikih kozic, olupljenih, surovih, po želji
- 1/3 skodelice naribanih mandljev
- košer sol
- Sesekljan peteršilj

PRIPRAVA

1. V 4- do 6-litrskem počasnem kuhalniku zmešajte na kocke narezano jabolko, čebulo, papriko, česen, zlate rozine ali

ribez, curry v prahu, ingver in mleto rdečo papriko; Vmešajte paradižnik.
2. Piščanca položite na paradižnikovo mešanico, tako da koščke rahlo prekrijete. Polovice piščančjih prsi prelijemo s piščančjo osnovo. Pokrijte in kuhajte pri nizki temperaturi, dokler piščanec ni zelo mehak, ko ga prebodete z vilicami, približno 4-6 ur.
3. Piščanca položite na ogrevalni krožnik, ohlapno pokrijte in ga hranite na toplem v pečici ali grelniku hrane na 400 °F.
4. V tekočino od kuhanja vmešamo riž. Povečajte temperaturo na največjo; pokrijte in kuhajte, enkrat ali dvakrat premešajte, dokler se riž skoraj ne zmehča, približno 35 minut. Vmešajte kozice, če jih uporabljate; Pokrijte in kuhajte še 15 minut, dokler sredica kozice ni prozorna. cut check
5. Medtem v majhni ponvi proti prijemanju na srednjem ognju med občasnim mešanjem prepražimo mandlje do zlato rjave barve. Izpustil si me.
6. Ob serviranju riževo zmes začinimo s soljo. Razporedimo v toplo skledo; Na vrh položite piščanca. Potresemo s peteršiljem in mandlji.

Podeželski piščanec in gobe

SESTAVINE

- 1 steklenica podeželskega preliva

- 4-6 piščančjih prsi

- 8 unč narezanih gob

- Sol in poper po okusu

PRIPRAVA

1. Zmešajte vse sestavine; Pokrito dušimo 6-7 ur. Postrezite z rižem ali testeninami.
2. Za 4-6 oseb.

str

Ollo z borovnicami

SESTAVINE

- 2 kg piščančjih prsi brez kosti in kože
- 1/2 skodelice sesekljane čebule
- 2 žlički rastlinskega olja
- 2 žlički soli
- 1/2 čajne žličke mletega cimeta
- 1/4 čajne žličke mletega ingverja
- 1/8 čajne žličke mletega muškatnega oreščka
- drobno mlet piment
- 1 kozarec pomarančnega soka
- 2 žlički drobno naribane pomarančne lupinice
- 2 skodelici svežih ali zamrznjenih borovnic
- 1/4 skodelice rjavega sladkorja

PRIPRAVA

1. Na olju prepražimo kose piščanca in čebulo; potresemo s soljo.
2. V lonec dodamo popraženega piščanca, čebulo in ostale sestavine.
3. Pokrijte in kuhajte pri nizki temperaturi 5 1/2-7 ur.
4. Po potrebi na koncu kuhanja sok zgostimo z mešanico približno 2 žlic koruznega škroba in 2 žlic hladne vode.

Italijanska piščančja krema

SESTAVINE

- 4 piščančje prsi brez kosti in kože
- 1 zavitek italijanskega solatnega preliva
- 1/3 skodelice vode
- 1 paket (8 unč) kremnega sira, mehkega
- 1 pločevinka (10 3/4 oz) kondenzirane smetane piščančje juhe, nerazredčena
- 1 pločevinka (4 oz.) stebel in kosov gob, odcejenih
- Vroč riž ali kuhane testenine

PRIPRAVA

1. Polovice piščančjih prsi položite v počasni kuhalnik. Zmešajte solatni preliv in vodo; prelijemo čez piščanca. Pokrijte in kuhajte pri nizki temperaturi 3 ure. V majhni skledi zmešajte kremni sir in juho, da se dobro povežeta. Dodajte gobe. Mešanico kremnega sira prelijemo čez piščanca. Kuhajte še 1-3 ure oziroma dokler piščančji sok ne izgine. Italijanski piščanec postrezite z rižem ali kuhanimi testeninami.
2. Nosite 4.

Piščančja lazanja

SESTAVINE

- 2 veliki polovici piščančjih prsi brez kosti
- 2 palčki drobno sesekljane zelene
- 1 majhna čebula, drobno sesekljana ali 1 ali 2 žlici suhe, sesekljane čebule
- 1/2 čajne žličke timijana
- Sol in poper po okusu
- 6-9 lazanj
- 1 paket zamrznjene špinače, odmrznjene in ožete
- 6 unč svežih gob, na debelo narezanih, ali 1 4- do 8-unčna pločevinka
- 1 1/2 skodelice naribanega čedarja in mešanice ameriškega sira
- 1 pločevinka "lahke" gobove juhe.
- 1 pločevinka paradižnika z zelenimi čiliji
- 1 paket (1 unča) suhe piščančje juhe
-

3/4 skodelice rezervirane juhe

PRIPRAVA

1. V 2-litrskem loncu približno 25 minut dušite piščančje prsi z zeleno, čebulo, timijanom, soljo in poprom, dokler niso mehke. Odstranite piščanca in pustite, da se ohladi. sesekljajte ali sesekljajte. Prihranite 3/4 skodelice juhe. Zavrzite ostanke juhe ali jih zamrznite za uporabo v drugem receptu. Pol lazanje; Kuhajte, dokler ne postane rahlo

prožen, približno 5-8 minut. Za lažje rokovanje odcedite in sperite s hladno vodo.
2. V srednji skledi zmešajte juho, paradižnik, omako in juho. Nalijte 3/4 skodelice jušne mešanice v 3 1/2-4 litrsko ponev/lonec. Na jušno mešanico položite 4-6 polovic lazanje. Dodajte 1/3 špinače, 1/3 piščanca, 1/3 gob in 1/2 skodelice naribanega sira. Po vrhu prelijemo še 3/4 skodelice jušne mešanice. Plasti ponovimo še dvakrat, nato zaključimo s preostalo jušno mešanico. Pokrito dušimo 4-5 ur. Če testenine kuhate predolgo, se lahko razmočijo. Preverite torej po približno štirih urah in pol.
3. Nosite 4.

Crockpot Chicken Reuben enolončnica

SESTAVINE

- 2 vrečki (po 16 unč) kislega zelja, oplaknjeno in odcejeno
- 1 skodelica lahke ali nizkokalorične ruske solate, razdeljena
- 6 piščančjih prsi brez kosti in kože
- 1 žlica pripravljene gorčice
- 4-6 rezin švicarskega sira
- svež peteršilj, za dekoracijo, po želji

PRIPRAVA

1. Polovico kislega zelja položite v 1-litrski električni počasni kuhalnik. Pokapljajte s približno 1/3 skodelice preliva. Na vrh položite 3 polovice piščančjih prsi in piščanca namažite z gorčico. Okrasite s preostalim kislim zeljem in piščančjimi prsmi. Na krožnik prelijemo še eno skodelico omake. Preostalo omako ohladite do serviranja. Pokrijte in dušite, dokler piščanec ni popolnoma bel in mehak, približno 3 1/2 do 4 ure.
2. Za serviranje enolončnico razdelite na 6 krožnikov. Okrasite z rezino sira in potresite z nekaj žličkami ruskega preliva. Postrezite takoj, po okusu okrasite s svežim peteršiljem.
3. Vrata 6.

Zmogljiv piščanec Crockpot

SESTAVINE

- 4-8 filejev piščančjih prsi brez kosti in kože
- 1 steklenica (8 oz) italijanskega preliva Wishbone Robusto
- 1 kilogram jajčnih rezancev v vrečki
- 4 oz. kisla smetana
- 1/2 skodelice parmezana in še več za serviranje

PRIPRAVA

1. V lonec položite piščančje prsi. Prelijemo z italijanskim prelivom. Pokrijte in kuhajte pri nizki temperaturi 7 ur ali pri visoki temperaturi 3 1/2 ure. Odstranite piščanca iz lonca; pustite toploto prižgano. Polovico smetane dodajte soku in mešajte, dokler se ne raztopi. Pogreje te.
2. Testenine skuhamo in dobro odcedimo. Preostalo smetano in parmezan dodajte testeninam in mešajte, dokler se ne raztopijo. Piščanca postrezite čez testenine in ga prelijte s piščančjo omako.
3. Po okusu potresemo s parmezanom.

Piščančja enolončnica z artičokami

SESTAVINE

- 1/2 do 2 funta piščančjih prsi brez kosti in kože
- 8 unč narezanih svežih gob
- 1 pločevinka (14,5 oz) na kocke narezanega paradižnika
- 1 paket zamrznjenih artičok, 8 do 12 unč
- 1 skodelica piščančje juhe
- 1/2 skodelice sesekljane čebule
- 1 pločevinka (3-4 oz) zrelih oliv, narezanih na rezine
- 1/4 skodelice suhega belega vina ali piščančje juhe
- 3 žlice instant tapioke
- 2 žlički karija ali po okusu
- 3/4 čajne žličke sesekljanega posušenega timijana
- 1/4 čajne žličke soli
- 1/4 čajne žličke popra
- 4 skodelice vročega riža

PRIPRAVA

1. Izperite piščanca; odcedimo in odstavimo. V 3 1/2 do 5 litrskem počasnem kuhalniku zmešajte gobe, paradižnike, srčke artičok, piščančjo juho, sesekljano čebulo, narezane olive in vino. Zmešajte tapioko, kari, timijan, sol in poper. Dodajte piščanca v lonec; Nekaj paradižnikove mešanice prelijemo čez piščanca.
2. Pokrijte in kuhajte na NIZKI 7-8 ur ali na VISOKI 3 1/2-4 ure. Postrežemo ga s kuhanim rižem.
3. Za 6-8 porcij.

www.ingramcontent.com/pod-product-compliance
Lightning Source LLC
Chambersburg PA
CBHW071859110526
44591CB00011B/1469